Lo que me hubiera gustado saber...
¡antes de tener hijos!

Libros de Gary Chapman publicados por Portavoz:

Biblia devocional: Los lenguajes del amor (editor general)

Casados y felices después de tantos años

*El enojo: Cómo manejar una emoción poderosa
de una manera saludable*

Intentemos de nuevo

Lo que me hubiera gustado saber... ¡antes de casarme!

Lo que me hubiera gustado saber... ¡antes de tener hijos!

Los 5 lenguajes del aprecio en el trabajo

Mantén vivo el amor cuando las memorias se desvanecen

El matrimonio que siempre ha deseado

El reto de criar a tus hijos en un mundo tecnológico

Lo que me hubiera gustado saber...
¡antes de tener hijos!

GARY CHAPMAN
con SHANNON WARDEN

Editorial
PORTAVOZ

La misión de *Editorial Portavoz* consiste en proporcionar productos de calidad —con integridad y excelencia—, desde una perspectiva bíblica y confiable, que animen a las personas a conocer y servir a Jesucristo.

Título del original: *Things I Wish I'd Known Before We Became Parents*, © 2016 por Marriage and Family Life Consultants, Inc. y publicado por Northfield Publishing, 820 N. LaSalle Boulevard, Chicago, IL 60610. Traducido con permiso.

Edición en castellano: *Lo que me hubiera gustado saber... ¡antes de tener hijos!* © 2018 por Editorial Portavoz, filial de Kregel Inc., Grand Rapids, Michigan 49505. Todos los derechos reservados.

Traducción: Ricardo Acosta

EDITORIAL PORTAVOZ
2450 Oak Industrial Drive NE
Grand Rapids, Michigan 49505 USA
Visítenos en: www.portavoz.com

ISBN 978-0-8254-5777-7 (rústica)
ISBN 978-0-8254-6677-9 (Kindle)
ISBN 978-0-8254-7491-0 (epub)

1 2 3 4 5 edición / año 27 26 25 24 23 22 21 20 19 18

Impreso en los Estados Unidos de América
Printed in the United States of America

A nuestros cónyuges,

Karolyn Chapman y Stephen Warden,

con quienes hemos compartido las alegrías y los retos

de la crianza de los hijos.

CONTENIDO

Prólogo

Hace algunos años, escribí *Lo que me hubiera gustado saber... ¡antes de casarme!* Me ha animado mucho la respuesta a ese libro. Muchos consejeros y pastores lo han hecho parte de su consejería prematrimonial para jóvenes parejas. Muchos padres y abuelos lo han obsequiado. Sigo creyendo que si hiciéramos un mejor trabajo de preparación para el matrimonio, tendríamos más éxito en crear matrimonios saludables.

Creo que lo mismo es cierto en la crianza de los hijos. Cuanta más preparación tengamos, más posibilidades tendremos de ser buenos padres. Desde que escribí ese libro, supe que algún día iba a escribir una secuela: *Lo que me hubiera gustado saber... ¡antes de tener hijos!* A medida que Karolyn y yo luchábamos en nuestro matrimonio en esos primeros años, también lidiábamos con la crianza de nuestros dos hijos. Nadie nos dijo qué esperar... ni qué hacer. Por suerte, hicimos lo que pudimos, y nuestros dos hijos llegaron a la edad adulta y han consolidado matrimonios saludables. Y ahora tenemos dos nietos.

Cuando llegó el momento de escribir el libro que tienes en las manos, quise hacerlo junto con alguien que aún tuviera hijos pequeños y pudiera narrar experiencias recientes. Me emocionó que la doctora Shannon Warden mostrara interés. Hace algunos años, Shannon estuvo en el personal de nuestra oficina de consejería. Regresó a la universidad, obtuvo su doctorado y, durante varios años, ha impartido asesoramiento en el recinto universitario, actualmente en la Universidad Wake Forest.

Shannon está casada con Stephen y tienen tres hijos: Avery, Carson y Presley, de quienes sabrás en las páginas siguientes. Ella ha aprendido a equilibrar el matrimonio, los hijos, el trabajo y las responsabilidades en la iglesia. No habla desde el pedestal académico, sino desde las trincheras de la vida real. En la introducción, conocerás el paso de Shannon hacia la maternidad. Ella ha experimentado las pruebas y las alegrías del embarazo y la crianza de los hijos.

Estoy agradecido de que la doctora Warden se uniera a mí en escribir lo que creo que es un libro muy necesario. Nuestro deseo es comunicar nuestras experiencias, así como lo que hemos aprendido a través de los años en que aconsejamos a cientos de padres. Te animamos a leer este libro antes que llegue el bebé y luego, a usarlo como referencia mientras experimentas las alegrías y los retos de criar hijos.

DOCTOR GARY CHAPMAN

Introducción

Prepararse para ser padres toma mucho tiempo y energía, y a menudo empieza mucho antes del embarazo. Las parejas pueden hablar del mejor momento para que la mujer quede embarazada. A veces piensan en los cambios que deben hacer en términos de relaciones, horarios de trabajo, ingresos, casas, autos, etc. En esta introducción, he pedido a Shannon que cuente su paso hacia la maternidad. Creo que su historia revelará por qué le pedí que escribiera conmigo este libro.

tephen y yo elegimos el nombre de Avery como tres años antes de su nacimiento. Nos emocionaba pensar en eso y comenzar a planificar nuestra familia. Concebí por primera vez después de nueve meses de intentarlo, pero sufrí un aborto natural a las pocas semanas de una prueba positiva de embarazo. Stephen y yo ya estábamos confundidos en cuanto a por qué tardaba tanto en quedar embarazada, a pesar de que habíamos leído que más o menos el diez por ciento de las mujeres tienen problemas para quedar embarazadas.[1] Aunque el aborto fue un revés emocional, no renunciamos a nuestro sueño de tener un hijo.

Cuando por fin quedé embarazada de Avery, nos sentimos

---

1. Oficina del Departamento de Salud y Servicios Humanos de Estados Unidos sobre Salud de la Mujer (2009). Nota de infertilidad consultada en http://www.womenshealth.gov/publications/our-publications/fact-sheet /infertility.html#1. Recurso en inglés.

esperanzados y ansiosos. La esperanza crecía igual que mi vientre, y nuestra atención pasó de la ansiedad de si yo abortaría de nuevo a otros llamados de atención que muchas mamás experimentan, como náuseas, fatiga, hinchazón, dificultad para dormir, indigestión, hemorroides, mal humor, depresión y ansiedad. La información y el apoyo de profesionales médicos, familiares y amigos fueron muy valiosos para tratar con estos y otros factores preocupantes, tanto físicos como emocionales. Pronto la alegría de imágenes de ultrasonido, fiestas de bienvenida al bebé y actividades divertidas, como decorar la habitación del niño, ayudaron a hacer más soportable el embarazo. Finalmente, Avery llegó y nos alegramos muchísimo.

Como tres años después que Avery nació, Stephen y yo comenzamos a buscar un segundo hijo. No sabíamos qué esperar, pero, basándonos en nuestros primeros embarazos, supimos que este podría tardar algún tiempo. Después de algunos meses de intentarlo, quedé embarazada, solo para enterarnos en el ultrasonido de la décima semana que había abortado, probablemente en la semana seis o siete. Desilusionada pero esperanzada, aguardamos los meses recomendados y comenzamos a buscar otra vez con diligencia un embarazo, sin resultados por más de un año. Finalmente, consultamos un especialista en fertilidad, quien me hizo algunos tratamientos infructuosos durante algunos meses.

Con el paso del tiempo, Stephen y yo nos desanimamos y nos confundimos más. El especialista en fertilidad recomendó la fertilización *in vitro*, algo que yo sabía que había beneficiado a muchas parejas. Pero no quise elegir esa alternativa. Le dije a Stephen: "Creo que Dios está diciendo: 'Les daré un bebé en mi tiempo'".

Desde luego, lo que no sabíamos era lo que Dios ya sabía. En ese momento, estaba embarazada de nuestro hijo Carson, como descubrí un par de semanas después cuando mi prueba de embarazo resultó positiva.

Cuando Carson cumplió un año, Stephen y yo nos sentimos muy

competentes en cuanto a mantener equilibrio entre el trabajo y la vida. Nos sentíamos tan afortunados que decidimos tener un tercer hijo. Antes de tomar esa decisión, consultamos con amigos y familiares que tenían tres o más hijos. Todos dijeron que era difícil; todos decían que valía la pena; y todos expresaron que no habrían hecho algo distinto. Curiosamente, esta vez quedé embarazada casi de inmediato sin problemas de fertilidad, y nueve meses después nació Presley. Todavía nos maravillamos de lo fácil que fue quedar embarazada de la niña, a diferencia de los embarazos de Avery y Carson. Contamos esto como un recordatorio acerca de la vida y la crianza de los hijos: no siempre se puede predecir lo que va a suceder, pero siempre se puede encontrar esperanza en las circunstancias.

El recorrido de paternidad de Shannon y Stephen no es atípico. Sin embargo, toda pareja es única, y siempre habrá alegrías y retos. Lo mismo es cierto para las parejas que no pueden concretar un embarazo, o deciden no hacerlo, sino que en su lugar optan por la adopción. Ciertamente, en el mundo hay mucha necesidad de padres adoptivos amorosos. Al igual que dar a luz a hijos biológicos, los padres adoptivos experimentan su parte de inseguridad, tensión y gozo a lo largo del proceso de adopción. Una vez más, se requiere gran intencionalidad, planificación y flexibilidad con el fin de tener la mejor preparación posible para criar a los hijos, sean biológicos o adoptados.

Aunque pareciera que el embarazo dura una eternidad, los meses pasan rápidamente y llega la hora de que tu bebé debute en el mundo. De las varias opciones de nacimiento (p. ej. parto vaginal, por cesárea, en un centro de parto hospitalario, domiciliario), todas naturalmente parecen —al menos de alguna manera— un poco complejas. Al igual que el embarazo, las mujeres serán sabias si son flexibles y además, como sea posible, se informan en cuanto a las opciones y los retos relacionados con el parto. Incluso después de estar lo más preparados que se pueda, descubrirás, como muchos otros padres, que la televisión y las historias de amigos no te prepararán por completo para el nacimiento de tu propio bebé. Es más, tu historia será exclusivamente tuya, tanto en lo retadora como en lo maravillosa. La buena noticia aquí es que, sin importar la complejidad, la complicación y el dolor de parto, gran gozo te espera solo segundos después del nacimiento de tu bebé: el gozo de sostener y besar por primera vez a tu precioso pequeñín.

Tal vez las alegrías y los retos de esperar la llegada de tu nueva incorporación te ayudarán a prepararte para las alegrías y los retos que se avecinan. Dondequiera que te encuentres —considerando la crianza, buscando un embarazo, esperando tu primer hijo, explorando opciones de adopción—, nuestra esperanza es que los capítulos siguientes te recuerden los muchos placeres y beneficios de criar a los hijos, y te animen a mantener la esperanza y positividad, incluso en los momentos difíciles de criarlos.

Rápidamente identificarás un tema central en todo el libro: ¡que merece la pena tener hijos! Vale la pena la incertidumbre y la tensión de quedar embarazada, la incomodidad y el dolor del embarazo y el parto, y todas las demás tensiones posteriores que los padres enfrentan. Creemos que los padres saben esto por instinto, pero creemos que alentar e informar pueden ser recursos útiles para ellos. Así que lee para hallar esperanza, risas, tranquilidad y recordatorios de los grandes y pequeños aspectos que hacen que criar hijos valga tu tiempo y tu energía.

1

Me hubiera gustado saber que...

Tener hijos
CAMBIA RADICALMENTE
tu CALENDARIO

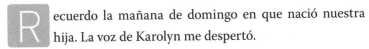

R ecuerdo la mañana de domingo en que nació nuestra hija. La voz de Karolyn me despertó.

—Tengo contracciones —me dijo.

—¿Qué quieres decir? —pregunté.

—Creo que el bebé está a punto de nacer.

—¿De veras?

—Sí, creo que debemos ir al hospital.

Así que me vestí a toda prisa y salimos para el hospital. Yo nunca había experimentado tener un bebé, y ella tampoco. Ambos estábamos emocionados, pero éramos un poco ingenuos.

Llevábamos tres años de casados y estábamos listos para tener un hijo, o eso es lo que creíamos. Siempre habíamos planeado tener hijos. Cuando éramos novios, Karolyn decía que quería tener cinco hijos. (Ella viene de una familia grande). Yo estaba tan enamorado, que siempre contestaba: "Lo que quieras me parece bien".

No sabía lo que estaba diciendo.

Sin embargo, esa mañana estaba preparado para nuestro primogénito. No sabíamos si sería niño o niña. Sé que esto es difícil de creer, pero ocurrió antes de las máquinas de ultrasonido. No era posible saberlo antes que el bebé saliera por el canal de parto. Debo confesar que esto aumentaba la emoción.

Algo más que encontrarás difícil de creer es que, en esos tiempos remotos, a los esposos no se les permitía estar en la sala de partos. Creo que las enfermeras se cansaron de agarrar maridos desmayados. Por eso pareció mejor que se quedaran en la sala de espera.

> Descubrimos que tener un bebé y cuidar un bebé son dos cosas diferentes.

Es más, el médico me dijo: "Va a tardar varias horas, así que si lo deseas, puedes ir a la iglesia, predicar tu sermón y después regresar; tendrás mucho tiempo". (Él sabía que yo era pastor de una iglesia pequeña en la ciudad). Me sorprendió esta sugerencia, pero pensé: *¿Por qué no? Así puedo contarle la buena noticia a la congregación.*

Eso hice. Al final del sermón, declaré: "Esta mañana no estaré en la puerta para despedirme porque temprano llevé a Karolyn al hospital. El bebé está a punto de nacer, y voy a regresar al hospital". Sentí que las señoras se molestaron por no haberme quedado en el hospital, pero después de todo, yo simplemente estaba siguiendo la sugerencia del médico.

Sea como sea, cuando volví al hospital, todo estaba tranquilo en la sala de espera. Diez minutos después, la enfermera irrumpió en la sala: "Felicitaciones —exclamó—, usted es el padre de una niña".

La seguí a la sala de partos donde vi a nuestra bebita acostada sobre el estómago de Karolyn.

—Es una niña —informó mi esposa—, no pude evitarlo.

Es asombroso lo que la gente dice en momentos como ese.

—Está bien —le dije, tranquilizándola—, tú eras quien quería un varón. Estoy feliz con una niña.

—Con el tiempo te tendrá atrapado en la palma de la mano —comentó el médico.

¡Él tenía razón en cuanto a eso!

Dos días después, fuimos a casa con nuestra bebita. Fue entonces que descubrimos que tener un bebé y cuidar un bebé son dos cosas diferentes. Todos esos viajes nocturnos a la heladería para satisfacer los antojos de Karolyn por un *banana split* eran mucho más fáciles cuando tenía el bebé en el vientre. En realidad, todo era más fácil cuando la bebita estaba en el vientre. Ahora había que alimentarla más a menudo de lo que me había imaginado. Karolyn optó por amamantarla los primeros meses. Te sugiero que hables con tu médico, tu madre y tus amigos que han transitado esta senda al tomar esta decisión. La lactancia materna parece ser la manera natural, pero a menudo involucra problemas. Lo que deseas es lo que funciona mejor para ti y tu bebé.

Luego viene toda la suciedad que ocurre al otro lado del cuerpo del bebé. Eso también sucedía con más frecuencia de la que imaginaba. En aquellos "buenos tiempos", usábamos pañales de tela que debían lavarse. Una tarea poco agradable. Optamos por un servicio de pañales. Se llevaban los pañales sucios y los regresaban limpios. Desde luego, ahora casi todas las parejas usan pañales desechables, es mucho más fácil. No obstante, sigue tomando tiempo y el olor no es agradable.

Estos son los conceptos básicos: entra la comida, sale la comida. Si no lo haces, el bebé no sobrevive. Si bien estos dos aspectos son necesarios, muchas más horas deben dedicarse a la crianza de un niño. Esperamos que, por ser bebé, dormirá varias horas del día y la noche. Si esto ocurre, ustedes son padres afortunados. Esto les dará tiempo para cocinar, lavar la ropa, cortar el césped y todas esas otras necesidades de la convivencia de adultos.

Nuestra hija dormía mucho más de lo que habíamos previsto. Aun así, sentíamos que debíamos vigilarla mientras dormía para asegurarnos de que todavía respiraba. No sabíamos lo bien que estaban las cosas hasta que tuvimos nuestro segundo hijo, un varón, que no quería perder el tiempo durmiendo; y, por tanto, requirió mucho más de nuestro tiempo.

Sabíamos el valor de abrazar con ternura a nuestra nenita. Tuve que leer todas las investigaciones acerca de bebés que pasan horas sin un toque de ternura y cómo su desarrollo emocional se ve obstaculizado. Queríamos que nuestra bebita se sintiera amada, así que la cargábamos a menudo, le hablábamos y reíamos con ella. A medida que crecía, le leíamos historias mucho antes que entendiera nuestras palabras, porque deseábamos estimular su cerebro con imágenes y sonidos. Queríamos ser buenos padres.

Sin embargo, todo eso tomó tiempo... mucho tiempo. En teoría, sabíamos que un hijo demandaría gran parte de nuestra atención, pero la teoría y la realidad son cosas muy diferentes. Ojalá alguien nos hubiera dicho que tendríamos que cambiar nuestras programaciones después que la bebita nació.

Ya habíamos tomado una decisión importante mucho antes que nuestra hija naciera. Karolyn decidió que le gustaría ser una mamá que se quedara en casa. Así que acordamos que renunciaría a su trabajo antes que el bebé naciera. Con esa decisión tomada, supuse que yo no tendría que hacer muchos cambios en mi horario. Después de todo, una "mamá a tiempo completo" debería ser capaz de manejar al bebé, ¿no es así?

> La disposición para admitir tus limitaciones y ajustar tu calendario evitará que te sientas derrotado o desilusionado contigo mismo.

Me esperaba una sorpresa muy amarga. Hay una razón de que se necesite un papá y una mamá para crear un bebé. Existe un porqué de que en el matrimonio nos comprometamos a "amarnos y apreciarnos" mutuamente. Nunca el amor será más necesario que cuando tienes un bebé. Todas las investigaciones indican que el entorno más sano para criar un bebé es el creado por un padre y una madre que tienen una actitud mutua de amor y apoyo. Mi libro anterior *Los 5 lenguajes del amor*[2] ha ayudado a millones de parejas a crear esa relación de amor, cuidado y apoyo, en que ambos cónyuges están dispuestos a ajustar horarios para satisfacer las necesidades del otro y de sus hijos.

Otro factor importante es reconocer nuestras limitaciones. No podemos hacer todas las cosas. Todos tenemos limitaciones. Un padre no puede ejercitarse en el gimnasio dos horas diarias, tener un trabajo a tiempo completo, pasar tres horas a la noche en la computadora, asistir a eventos deportivos o jugar golf todos los sábados, y ser un esposo y padre amoroso. La disposición para admitir tus limitaciones y ajustar tu calendario para incluir aquellas actividades que son más importantes evitará que te sientas derrotado o desilusionado contigo mismo. Tiempo, dinero, energía y capacidades son aspectos limitados. Los objetivos alcanzables son motivo de regocijo cuando se logran. Los objetivos poco realistas pueden causar depresión cuando no los alcanzamos.

También es importante desarrollar o mantener una mentalidad de "nosotros". Ojalá, incluso antes de la llegada del bebé, hayas cambiado la mentalidad tipo "yo" que la mayoría de nosotros tenemos antes del matrimonio. Este cambio debe volverse permanente. Los padres ya no pueden pensar en términos de lo que "voy" a hacer, sino más bien de lo que "vamos" a hacer. Criar hijos es un deporte de equipo.

Sacrificio personal es otra actitud requerida al hacer cambios en el calendario. Mi coautora Shannon estaba haciendo un internado de consejería como parte de su formación en doctorado. Conoció una capellana de hospital que tenía un doctorado y que había enseñado en una universidad local por varios años. La capellana explicó que le encantaba ser madre, y retrasó intencionalmente su carrera durante la infancia de sus hijos para poder estar con ellos tanto como fuera

2. Gary Chapman, *Los 5 lenguajes del amor* (Miami: Unilit, 2017).

posible y seguir trabajando. En educación superior, esto significó que ella no podía trepar la escalera numeraria tan rápido como podría haberlo hecho. La crianza fue, para la capellana, más importante que la escalera profesional.

Ya sea en el trabajo o en otros ámbitos de la vida, los padres suelen experimentar en algún grado sacrificios personales o profesionales por el bien de sus hijos. A veces este sacrificio se siente más pronunciado; otras veces los padres ni siquiera lo llaman sacrificio.

Adaptar nuestras actitudes y decidir cómo abordaremos la crianza de los hijos es una tarea que vale la pena, pero difícil. No obstante, vivir con expectativas poco realistas e inalcanzables, y la desilusión resultante, es algo poco deseable e improductivo.

Haz que funcione

Además del cambio de actitudes, también debemos tomar medidas prácticas si vamos a hacer frente a la demanda de tiempo que conlleva ser esposos y padres. Shannon y yo hemos formulado las siguientes sugerencias que creemos que les ayudarán a hacer cambios necesarios de programación.

1. *Organícense.*

Sabemos que esto es problemático por dos razones. En primer lugar, no todos están dotados con la capacidad para organizar. Esta es una de las realidades que descubrí después de casarme. Soy sumamente organizado, y mi esposa es lo opuesto. En segundo lugar, se necesita tiempo para organizarse, y tiempo es una de las limitaciones con que tratamos para empezar.

Sin embargo, pueden hacer pequeños cambios que rendirán grandes resultados. Echen una mirada a su calendario actual y pregúntense: ¿Qué prevemos que tal vez deba cambiar después que llegue el bebé? O si el bebé ya está en casa, identifiquen los puntos de presión y pregúntense: ¿Cómo podemos reducir la presión organizando nuestro tiempo de manera diferente?

Podrían despertar treinta minutos antes. Tal vez puedan agregar media hora de caminata durante la hora de almuerzo. Quizá puedan darse mutuamente un descanso lavando los platos.

2. *Sean creativos.*

El bebé no siempre será bebé. Más pronto de lo que puedan imaginar, estarán haciendo con él cosas creativas, como jugar a los piratas o tener fiestas de té. A sus vidas volverán los libros para colorear. Estos son solo algunos ejemplos de la creatividad que ocurre de forma natural en la crianza de los hijos. Los padres también tienen que recurrir a su pensamiento creativo al enfrentar la administración de calendarios familiares abarrotados.

Las multitareas pueden ser algo creativo, pero quizá no siempre será lo mejor para el hijo. Cuando puedas llevar contigo a tu hijo mientras realizas una tarea rutinaria, como comprar comestibles, estarás cumpliendo una tarea necesaria y también exponiendo a tu hijo a un entorno estimulante. Sin embargo, cuando le hablas a tu hijo mientras envías un mensaje de texto o haces alguna actividad impuesta por los medios de comunicación, estás privándole de tiempo de calidad.

3. *Involucren a otros.*

Los padres no suelen estar con sus hijos todo el tiempo y necesitan la ayuda de otras personas confiables para que los cuiden. Algunos padres tienen la suerte de contar con familiares o amigos cercanos que les ayudan a cuidar de los niños. Guarderías, jardines de infantes y escuelas primarias de calidad también desempeñan un papel importante en las vidas de algunas familias. Los padres pueden ser reacios a buscar ayuda para el cuidado de los hijos, especialmente los primerizos, que se muestran nerviosos al dejar a sus hijos la primera vez. Todos los padres deben ser prudentes en explorar opciones de cuidado de niños, y evaluar a fondo la seguridad y confiabilidad de tales opciones. Al hacer esto, a medida que los padres obtienen confianza en los cuidadores, no solo reciben una sensación de alivio, sino también de libertad. Una amiga exclamó: "¡Me encanta llevar a mis hijos a la guardería!", como un elogio al centro de cuidado infantil y una expresión personal de libertad para realizar sus otras responsabilidades. Al igual que muchos padres, esta mujer sabía de primera mano que es una verdadera bendición tener ayuda en la crianza de los hijos.

Shannon y Stephen tuvieron la suerte de contar con familia cerca de ellos. Los abuelos son felices de recibir a sus nietos (mientras no los dejen mucho tiempo o muy a menudo). Karolyn y yo no teníamos padres cerca. Sin embargo, tuvimos algunos amigos maravillosos que estuvieron dispuestos a cuidar a nuestros hijos por una hora o más mientras hacíamos una tarea. Otros estupendos amigos adultos se quedaban con los niños mientras estos crecían, lo que permitía que Karolyn y yo asistiéramos a conferencias e hiciéramos viajes cortos.

4. *Simplifiquen.*

Miren por donde la miren, la vida con hijos es agitada y es más agobiante a medida que crecen. Una vez que empiezan los partidos de fútbol, los recitales de piano y la danza, la vida se vuelve una maratón. En algún momento, ustedes deberán simplificar. ¿Qué actividades pueden eliminarse? La vida no debe ser una presión constante. La mente y el cuerpo humano necesitan descanso y tiempo libre para meditar y disfrutar cosas sencillas, como un atardecer, un arcoíris o un ave. Un padre manifestó: "Este es el primer sábado en mucho tiempo que no tenemos nada que hacer". ¡Luchen por tener más sábados como ese!

Cuando nuestra hija era pequeña, Karolyn descubrió que el domingo a la noche era un tiempo maravilloso para relajarse con la bebita. Como pastor yo tenía responsabilidades la noche del domingo, pero animé a mi esposa a quedarse en casa. ¿Comprendió toda la congregación? ¡No! Pero la mayoría sí entendieron porque también se quedaban en casa. La cultura, incluso la cristiana, no debería controlar nuestras vidas. Somos responsables ante Dios y no ante la cultura.

5. Celebren lo que funciona.

Busquen oportunidades para afirmarse mutuamente. Al enfocar nuestra atención y energía en lo que está bien, no solo animamos a nuestros cónyuges e hijos, sino que nos relacionamos con ellos en maneras más positivas y tenemos una perspectiva mejorada de lo que no funciona. Consideramos que nuestras victorias eclipsan nuestras pérdidas y creemos que podemos trabajar en otros retos que enfrentamos.

Esta lista de ideas sin duda no es exhaustiva, pero podría servir como útil punto de partida a medida que empiezas a identificar activamente las fortalezas y limitaciones del calendario familiar. ¡Ojalá alguien nos hubiera comunicado estas ideas antes de convertirnos en padres!

A propósito

1. Conversen con una pareja que haya tenido un hijo en los últimos seis meses y pregúntenle cómo el bebé les cambió el calendario.

2. Si ustedes dos trabajan a tiempo completo, ¿han analizado si harán o no cambios profesionales después que el bebé nazca? ¿Han tomado alguna decisión?

3. Si cada uno de ustedes decide continuar su carrera a tiempo completo, ¿qué opciones de cuidado infantil anticipan?

4. Hagan una lista de las principales actividades que cada uno tiene con su "tiempo libre", aspectos como golf, gimnasio, juegos de video, pasatiempos, Facebook, etc. ¿Prevén recortar algunas de estas acciones después que el bebé nazca?

5. Hagan una lista de las tareas caseras normales que se hacen de manera regular y quién realiza actualmente cada una de ellas. Enumeren cosas como comprar comestibles, cocinar, lavar platos, barrer o aspirar el piso, limpiar el baño y la ducha, etc. ¿Prevén cambiar roles en alguna de estas actividades?

6. ¿Cuán dispuestos están a hacer sacrificios personales por el bien de su hijo?

2

Me hubiera gustado saber que...

Los niños son **COSTOSOS**

nos días después que nació nuestra hija, recibí la factura del hospital. El costo total del parto fue nueve dólares. (Recuerda, estos eran "los viejos tiempos", y teníamos un buen seguro). Una bebita por nueve dólares, ¡algo que no puedes superar! Debo confesar que yo estaba eufórico. Realmente, no creo que alguna vez hubiera reflexionado en lo que mi hija costaría los siguientes veintiséis años, mientras la veíamos avanzar por la escuela primaria, la secundaria y la facultad de medicina. Francamente, estoy feliz de no haberlo hecho, porque me habría sentido abrumado.

Sin embargo, si eres de quienes planificas, y de veras quieres saber, tal vez desees ver el informe anual del Centro para la Política y Promoción de la Nutrición del Ministerio de Agricultura de Estados Unidos titulado: "Gastos sobre los niños por familias".[1] Te daré el resultado final. El costo calculado de criar un hijo desde que nace hasta los diecisiete años de edad en este país es más o menos "$250.000". Esta cifra se basa en una familia de ingresos medios, dos

---

1. Lino, Mark (2014). Informe del Centro para la Política y Promoción de la Nutrición del Ministerio de Agricultura de Estados Unidos, titulado: "Gastos sobre los niños por familias".

hijos, marido y mujer. No se incluyen costos relacionados con la universidad ni otros valores después que el hijo cumple dieciocho años. (Sé que algunos de ustedes ya han puesto en marcha la calculadora y averiguado que son $14.705 por año). Por supuesto, los costos pueden variar en gran manera dependiendo de la vivienda, la comida, el transporte, la ropa, la atención de la salud, el cuidado de los niños, la educación y muchos otros factores.

Espero que eso no los desanime, pero, si lo hace, entonces tomen un marcador negro y tachen el párrafo anterior. En realidad, pocas parejas se ponen a reflexionar en el largo viaje. Sé que nosotros no lo hicimos. La vida debe vivirse un día a la vez. Damos a luz nuestros bebés y luego nos enamoramos tan locamente de ellos que, por instinto, nos comprometemos a imaginar cómo solventar los costos que generan. Con suerte, el sentido común

> He llegado a ver a los hijos no como un gasto, sino como una inversión.

entrará en acción y nos advertirá cuándo estamos gastando más de lo que ganamos. Esta realidad requiere una corrección de curso.

Una de las decisiones que Karolyn y yo tomamos al principio fue "vivir dentro de nuestras posibilidades". A ninguno de los dos nos gusta endeudarnos. Por eso, ni siquiera tuvimos una tarjeta de crédito hasta que nació nuestra hija. Unos meses después, cuando nos mudamos a Texas para estar cerca del centro de posgrado, necesitamos una cuna. Solicitamos una tarjeta de crédito, y nos rechazaron porque no teníamos historial de crédito. Al mirar hacia atrás, no establecer un historial de crédito no fue buena idea. Una vez más, esta es una de esas cosas que hubiera querido saber. Desde luego, obtener una tarjeta de crédito hoy día es mucho más fácil. En realidad, no puedes caminar por un aeropuerto sin que te digan a gritos que quieren darte una.

El uso prudente de las tarjetas de crédito (pagar el saldo cada mes en su vencimiento) puede hacer la vida mucho más fácil. Sin embargo, acumular deudas en una tarjeta de crédito ha metido a muchas familias en graves problemas financieros. Espero que las ideas que damos en este capítulo te ayuden a vivir dentro de tus posibilidades, mientras crías a tu hijo.

Durante el camino, descubrimos que los hijos no solo cuestan económicamente, sino que, como empezamos a analizar en el capítulo 1, también nos cuestan tiempo y energía. ¡Dinero, tiempo y energía! Todo ese costo puede parecer muy desalentador, pero he llegado a ver a los hijos no como un gasto, sino como una inversión. Es más, creo que los hijos son nuestra mejor "inversión". Nos producen gran alegría en esos primeros años. Los amamos y aprenden a amarnos y a amar a otros. Los ayudamos a descubrir y desarrollar sus destrezas e intereses únicos. Luego crecen para bendecir al mundo y enriquecer las vidas de aquellos con quienes se encuentran. Si mantenemos una relación de amor, nos cuidan en nuestra vejez, cuando nos volvemos más infantiles y ellos más adultos. ¿Qué inversión podría ser mejor?

Sin duda, el valor que los niños agregan a nuestras vidas y al mundo supera con creces cualquier costo financiero. No obstante, es útil y práctico prever los costos que crean y decidir cuán sabiamente presupuestar dinero, tiempo y energía a fin de que tengan mejor preparación para cuidar de ese hijo.

Ni Shannon ni yo somos expertos financieros. A menudo animamos a nuestros clientes a buscar el consejo de asesores económicos cuando necesitan estrategias financieras más completas. Sin embargo, hemos descubierto algunos principios comunes para ayudar a los padres que nos hablan de sus luchas económicas. Estos principios son: 1) comprometerse con la autodisciplina es esencial; 2) organizarse es útil; y 3) ser creativos estira el dinero. Quisiera haber sabido esto antes que Karolyn y yo tuviéramos hijos.

Comprometerse con la autodisciplina

Una definición de autodisciplina es gobernarnos solos en aras de mejorar. El primer paso en la autodisciplina es volvernos más conscientes de qué cambios debemos hacer. Aplicado a las finanzas, significa llevar registros de cómo usamos nuestro dinero a fin de que podamos descubrir si estamos viviendo dentro de nuestras posibilidades. Si no podemos pagar nuestros gastos regulares de subsistencia sin endeudarnos, entonces es hora de corregir el curso. Esto exige analizar cómo podemos reducir gastos o cómo ganar más dinero. Una vez tomadas estas decisiones, la autodisciplina exige que las cumplamos estrictamente.

Shannon habla de que, cuando ella y Stephen se dieron cuenta de que necesitaban corregir su rumbo, se comprometieron a cosas como "salir menos a comer fuera y cocinar en casa alimentos más sanos pero más sencillos; llevar nuestro almuerzo al trabajo; comprar menos por impulso y más por necesidad que por deseo; y comprar menos a crédito". Ella asegura: "Al igual que muchas parejas, antes tendíamos a centrarnos más en nuestros deseos diarios y a usar la conveniencia y la necesidad percibida como excusa para gastar a veces con frivolidad. Al renovar nuestro compromiso con la autodisciplina económica, encontramos maneras novedosas y gratificantes de ahorrar dinero para las cosas importantes. Estas estrategias mejoradas no solo liberaron más dinero para suplir las necesidades de corto y largo plazo de nuestros hijos, sino que también fortalecieron nuestra relación mutua. Este fue un bono inesperado".

Karolyn y yo realmente tuvimos que aprender autodisciplina cuando regresé al centro de posgrado. Teníamos una hija y acordamos que Karolyn no trabajaría fuera de casa. Yo tenía un trabajo a medio tiempo en un banco local donde ganaba lo suficiente para costear el alquiler, los servicios públicos y las necesidades básicas de alimentación. No sobraba nada. Recuerdo el día en que Karolyn me confrontó.

—Cariño, ¿te importaría pagar las cuentas y hacer el balance de la chequera cada mes? —me preguntó.

Esta era una tarea que ella se había comprometido a hacer.

—No hay problema —contesté—. Pero ¿por qué?

—Porque me revuelve el estómago —respondió.

Eso te demuestra lo apretado que el dinero estaba en nuestra casa. Casi no quedaba nada para ropa, comidas elaboradas o actividades recreativas. Miro hacia atrás con profundo aprecio la autodisciplina de Karolyn. Tres años después, dejamos el centro de posgrado con mi doctorado y sin deudas. Ella no se compró un par de zapatos durante tres años. Ahora que nuestros hijos son adultos, sabes por qué nunca me quejo cuando mi esposa llega a casa con seis pares de zapatos.

Cada pareja tendrá que decidir lo que debe hacer para "solventarse" económicamente. Una vez que estén de acuerdo en la decisión, es necesaria la autodisciplina para alcanzar sus objetivos.

Organizarse es útil

Por naturaleza soy organizado. Puedes mirar nuestro lavavajillas después que lo he llenado y saber que soy organizado. Por otra parte, Karolyn llena el lavavajillas como si estuviera jugando al platillo volador. No obstante, cuando se trata de nuestra economía no soy tan organizado. Sí, pagaba las cuentas cada mes (después que me reclutaron) y hacía el balance de la chequera, pero nunca había hecho un presupuesto. Según mencioné antes, un presupuesto es una herramienta muy útil para organizar los activos financieros. Es otra de esas cosas que hubiera querido saber antes de convertirnos en padres.

Debo confesar que la idea del presupuesto no comenzó hasta después de la época del centro de posgrado. Pero, una vez que conseguí un verdadero trabajo y tuvimos un poco más de dinero, poner todo en el papel por categorías se convirtió en una gran sorpresa para mí. Karolyn y yo nos dimos cuenta de que debíamos pensar en algunos años por delante, cuando nuestra hija probablemente fuera a la universidad. Esto nos obligó a pensar de manera más clara y específica en lo que estábamos haciendo con nuestro dinero.

Shannon y Stephen tuvieron una experiencia similar. "Cuando Stephen y yo tomamos más en serio la administración del dinero, nos dimos cuenta de que su estrategia de 'gastar menos y ahorrar más' ya no bastaba. Mi perspectiva optimista de 'haremos que funcione' ya no era suficiente. Tuvimos que organizar más nuestra contabilidad a fin de conocer nuestros gastos exactos y poder anticipar las necesidades presupuestarias. Stephen trabajó en un presupuesto mucho más completo con mi aporte, y luego analizamos cómo manejaríamos mejor nuestros ingresos disponibles cada mes. Este fue un gran paso hacia adelante para nosotros".

Shannon continúa: "Durante muchos años, vivimos como si las finanzas se manejaran solas. Ahora somos mucho más organizados en el manejo de nuestra economía a fin de estar más unidos en nuestros esfuerzos por actuar dentro de nuestro presupuesto".

Otras habilidades de organización incluyen otros aspectos, tales como hacer una lista de compras antes de ir al supermercado. Esto puede evitar compras impulsivas y ahorrar mucho dinero. Otro aspecto es tener bien presente cuánto dinero tienes para gastar en ropa antes de ir a la tienda. Con esta cantidad en mente, es más probable que compres por necesidad y no por un deseo momentáneo.

Solo tres cosas pueden hacerse con el dinero: gastarlo, ahorrarlo o regalarlo. Antes de casarnos, Karolyn y yo nos pusimos de acuerdo en que invertiríamos el 10% en misiones cristianas. Ambos tomamos en serio nuestra fe y creímos que esta era una forma de honrar a Dios. No obstante, no fuimos tan específicos en cuanto a lo que ahorraríamos. Fue después que tuvimos una hija, y que yo terminé mi posgrado, que acordamos ahorrar el 10% de nuestros ingresos. Esta fue una de las decisiones más sabias que hemos tomado. Por tanto, para vivir con el restante 80% debíamos ser creativos, lo cual nos lleva a nuestra tercera sugerencia.

Ser creativos estira el dinero

Algunas mujeres son maestras en cuanto al ahorro creativo de costos. Preparan su propia comida para bebés, sus jabones y su ropa. Compran con cupones y venden artículos en tiendas de segunda mano. Reciclan objetos caseros comunes para hacer adornos y juguetes útiles. Todas estas son estrategias maravillosamente creativas. Shannon admite que no hace nada de esto, pero aun así se considera creativa.

"Stephen y yo hemos guardado muchas de las prendas de Avery para que Carson tenga una cantidad suficiente de ropa, lo que nos evita tener que reponer por completo cada año la ropa de Carson. Vemos las películas para DVD que ya tenemos y no nos sentimos obligados a comprar siempre otras nuevas. Jugamos en nuestro vecindario y vamos a parques públicos. Volamos cometas y montamos bicicletas y triciclos. Compramos ropa que podamos mezclar y combinar en lugar de abarrotar nuestros clósets con ropa que casi nunca usamos. Estas son algunas de las cosas que hacemos para estirar de manera creativa nuestro dinero. Una vez más, no soy la persona más creativa o austera, pero los ahorros pequeños siguen siendo ahorros. Simplemente, tratamos de ser más prácticos y creativos en nuestros gastos y ahorros".

Cuando tienes una niña y después un niño, no puedes pasar la ropa. Sin embargo, Karolyn encontró una amiga que tenía un niño algunos años mayor que nuestro hijo y quien disfrutó la oportunidad de pasar la ropa de su niño al nuestro. No te preocupes de que tu hijo se acompleje por usar prendas heredadas. Esta es una manera excelente de enseñarle que siempre queremos sacarle el máximo provecho a lo que tenemos. Servir a los demás es una gran virtud. También aceptábamos juguetes de otros y luego los pasábamos cuando nuestros hijos ya no los usaban.

Pasamos horas con nuestros hijos haciendo cosas que no cuestan nada, como tener juegos activos afuera y juegos de mesa adentro.

Cuando los niños eran más pequeños, coloreábamos muchos libros con crayones. Les leíamos libros desde que pudieron sentarse en nuestro regazo. En consecuencia, nuestros dos hijos crecieron con amor por la lectura. Cuando íbamos en el auto por el campo, solíamos "contar vacas". (Los de la ciudad pueden contar vehículos o edificios). A menudo les narrábamos historias de nuestra infancia acerca de los juegos que teníamos y de lo que hacíamos. Cuando nuestros hijos tuvieron suficiente edad, Karolyn los llevaba a la biblioteca cada semana. Aprendieron a sacar libros y piezas de arte, las cuales colgábamos en las paredes de sus cuartos. No hay límite para las cosas creativas que cuestan muy poco o nada, que puedes hacer con tus hijos.

Karolyn nunca compra ropa para ella a menos que la hayan rebajado al menos tres veces. Tiene un gusto excelente, pero lo consigue a bajo precio. No le pregunto cuánto gastó, sino: "¿Cuánto ahorraste hoy?". La creatividad es tu amiga cuando de ahorrar costos se trata.

También podemos ser creativos "ganando dinero". Nunca hicimos esto, pero he oído de muchos padres que cuentan sus experiencias acerca de enseñar a sus hijos pequeños a hacer galletas o pastelitos y venderlos en ferias artesanales. Esto les enseña una destreza y el principio de trabajar para ganar dinero.

Otras madres amas de casa ganan dinero real cosiendo o vendiendo en línea. Una vez más, la creatividad es una amiga para quien desea llevar más dinero a la familia.

Manejo de tiempo y energía

La autodisciplina, la organización y la creatividad no son útiles solo con relación a estrategias financieras, sino también al manejo de tiempo y energía. Muchos padres primerizos tienen poca comprensión del poco tiempo que tendrán para sí mismos una vez que su tierno recién nacido haga su entrada triunfal. Por eso, si te adelantas un poco, verás que ese dulce bebé se convierte en un pequeñín que duerme menos y después en un niño en edad escolar que no

solo tiene actividades escolares, sino también extracurriculares.
De repente, los días de los padres se llenan no solo con sus típicas programaciones laborales y asuntos personales, sino también yendo detrás de los niños para limpiar todo, comprarles alimentos y ropa, y transportarlos de un lugar a otro.

La responsabilidad de ser padres no es algo malo. Es más, nunca hemos oído a padres comentar: "Quisiera pasar menos tiempo con mis hijos". Al contrario, los padres tienden a valorar el tiempo dedicado a cantar, leer libros, representar historias, construir y derribar castillos, hacer correr autos de juguete, pintar cuadros, jugar afuera o cualquier otra actividad divertida que los hijos disfrutan. Este es tiempo bien invertido y que muchos padres extrañan cuando sus hijos son mayores. Con eso en mente, podría ser más fácil para los padres apreciar el privilegio de criar hijos en lugar de resentirse por el tiempo que demandan. Simultáneamente, los padres necesitan tiempo para mantener viva la relación entre ellos.

Una de las decisiones que Karolyn y yo tomamos fue tener una hora específica para acostar a nuestros hijos. Cuando eran pequeños, la hora de acostarse era las siete. Cuando cumplieron seis años y comenzaron la escuela primaria, les dimos cinco minutos más. Cada año extendíamos cinco minutos la hora de acostarse, de modo que a los doce años de edad era las siete y media. Cuando llegaron a la adolescencia, saltamos a las nueve. Por supuesto, cuando entraron a la secundaria, las cosas cambiaron. Con el baloncesto, los recitales de piano y las actividades extracurriculares, nuestro objetivo se convirtió en las diez. A la hora de acostarse, no tenían que dormirse, pero debían ir a sus dormitorios. Podían leer un libro hasta quedarse dormidos. (No se permitía televisión en las alcobas). Nuestros hijos dormían bastante y se destacaban en sus estudios. Esto nos dio a nosotros un "tiempo de pareja" cada noche.

Sé que los padres contemporáneos dicen: "¿Cómo sacarlos de las pantallas de la tecnología moderna?". La respuesta es simple.

Controlen la tecnología y no permitan que esta domine la vida de sus hijos. Tengan en la casa zonas sin pantallas; por ejemplo, nada de pantallas en los dormitorios. Tengan tiempos límites de uso de pantallas. Controlen lo que se ve. (Para más ayuda sobre cómo hacer esto, véase mi libro *El reto de criar a tus hijos en un mundo tecnológico*).[2] Los hijos se adaptan fácilmente a la vida estructurada, pero los padres deben implantar los límites.

En estrecha relación con la cantidad de tiempo que los padres requieren, está la energía que se necesita de ellos. Tanto Karolyn como yo, tenemos un nivel muy alto de energía. Esta se renueva con el sueño, el ejercicio y el descanso. No sentimos un drenaje grave de energía con el nacimiento de nuestra hija. Como ya mencioné, la niña dormía gran parte del día y la noche. Por tanto, podíamos dormir. Pero después del nacimiento de nuestro hijo, quien creía que dormir era una pérdida de tiempo, nos dimos cuenta de que nuestra energía se agotaba.

Una vez más, la autodisciplina, la organización y la creatividad nos ayudaron a encontrar maneras de mantener altos niveles de energía para poder jugar con los niños y manejar sus horarios junto con los nuestros, además de responder a sus necesidades emocionales siempre cambiantes.

El primer paso en la autodisciplina fue evaluar qué era necesario a fin de mantener la energía para hacer todo esto. El deseo de Karolyn de ser madre y ama de casa nos facilitó mucho las cosas. Ella tomó el turno de la noche para que yo pudiera dormir, y tomaba sus siestas durante el día cuando los niños tomaban las suyas. A medida que los niños crecían, yo los llevaba al parque cercano por la tarde para que mi esposa pudiera tener algo de tiempo a solas. Descubrí que si me hallaba tensionado por el trabajo, detenerme durante diez minutos en el camino a casa solo para sentarme y relajarme, o dar una

---

2. Gary Chapman y Arlene Pellicane, *El reto de criar a tus hijos en un mundo tecnológico* (Grand Rapids: Portavoz, 2015).

corta caminata, me hacía abandonar la tensión y me preparaba para la aventura en casa.

Una vez que como padres decidimos nuestras prioridades, necesitamos autodisciplina para ordenar nuestras vidas de acuerdo con ellas. A conciencia debemos presupuestar tiempo con el fin de conservar energía para lograr nuestros objetivos. Pasar tiempo de calidad con nuestros hijos era una de nuestras prioridades. Esto significó que debimos rechazar varias oportunidades personales o profesionales, o aparentes obligaciones, con el fin de liberar tiempo para lograrlo. La mayoría de los padres quiere pasar más tiempo con sus hijos y, también, tener tiempo para la pareja. No obstante, sin autodisciplina pueden llegar a extenuarse de tal manera que sus metas resultarán saboteadas.

Organización y creatividad pueden ser nuestras amigas al tratar de equilibrar los retos de tener hijos. Las multitareas, como interactuar con los niños al mismo tiempo que llevamos a cabo otras responsabilidades, a veces pueden ser útiles. Shannon cuenta su propia experiencia: "Los pisos en nuestra casa parecen estar sucios y deben ser barridos y aspirados todos los días. Por lo general, Presley no me deja barrer a menos que ella sostenga el recogedor. También, casi nunca he aspirado la casa en los últimos diez años sin tener a la vez un niño cargado en una cadera. Barrer y aspirar la casa representan trabajo para mí, pero para los niños estas tareas son diversión. Por eso, una manera creativa tanto de limpiar los pisos como de pasar tiempo con los niños es permitirles que me ayuden a limpiar. ¿Tardo más tiempo? ¡Sí! Pero no importa. Lo importante es que estoy logrando ambos objetivos al involucrar a los niños en las tareas del hogar".

Shannon admite que las multitareas no siempre tienen éxito. "En ocasiones reviso mi correo electrónico mientras me siento en el área de juego o mientras sostengo a Carson o a Presley en mi regazo. Presley suele apartar de un empujón mi celular y hacer que le rodee la cintura con los brazos. O Carson empieza a jugar con mi computadora portátil abierta hasta que me doy por vencida, la cierro y vuelvo a enfocarme en él. En tales formas, me comunican claramente que desean que les preste total atención".

No estoy sugiriendo que haya una manera correcta de administrar nuestro tiempo y de mantener nuestra energía, sino que sin autodisciplina, organización y creatividad podríamos descubrir que nuestra vida se desequilibra. Una de las quejas más comunes que Shannon y yo oímos en nuestros consultorios de consejería es: "Perdí a mi esposa por el bebé. Solíamos disfrutar haciendo cosas juntos, pero ahora es como si 'nosotros' ya no fuera importante. Toda nuestra energía se la damos al bebé". Esto no tiene por qué suceder, y ahora es el momento de hacer planes para que no ocurra. Como dice el refrán: "Fallar en planificar es planificar para fallar". Más acerca de cómo mantener vivo el matrimonio en el capítulo 11.

Por tanto, la pregunta es: ¿Cómo organizarán ustedes sus vidas a fin de que tengan tiempo para conservar un matrimonio creciente, satisfacer sus propias necesidades personales y ser buenos padres? Permítanme recordarles que los padres han estado criando hijos durante miles de años. Con todos los cambios tecnológicos que hemos visto en nuestra vida, podríamos creer que la facilitarían. En realidad, la tecnología puede aumentar la tensión. Pero creo que con autodisciplina, organización y creatividad, puedes hacer de la tecnología un siervo, no tu amo.

El tiempo, la energía y el dinero invertidos en tu matrimonio, con tus hijos y en mantener tu salud física, emocional y espiritual es tiempo bien invertido.

A propósito

1. ¿Les sorprende, desanima, abruma o ven como algo positivo la idea de criar un hijo desde que nace hasta que sale del colegio?

2. ¿Están actualmente comprometidos a "vivir de acuerdo con sus posibilidades"? Si su respuesta es "sí", ¿cuánto éxito han tenido hasta este momento?

3. Si tienen deudas, ¿cuál es el monto total y qué planes están haciendo para salir de ellas? Esto puede incluir pagar préstamos universitarios. Asegúrense de incluirlo en su presupuesto.

4. ¿Están ahorrando el 10% de sus ingresos líquidos? De no ser así, ¿qué medidas pueden tomar para hacer de eso una realidad?

5. ¿Tienen un plan escrito (presupuesto) que les muestre las obligaciones mensuales y cuánto tienen asignado para alimentación, vestuario, recreación, ahorros, donaciones, etc.? De no ser así, ¿por qué no empezar el proceso llevando registros sobre a dónde fue a parar el dinero este mes?

6. ¿Cuán disciplinados son cada uno de ustedes en seguir un plan para manejar el dinero una vez que se han puesto de acuerdo? ¿Los motiva a ser más disciplinados la idea de tener un hijo?

7. ¿Qué ideas creativas actualmente están usando para estirar su dinero?

8. Al prever convertirse en padres, ¿son receptivos a explorar otras ideas creativas para obtener más por su dinero? Si es así, podrían considerar las ideas en este capítulo, buscar en la Internet o hablar con otras parejas acerca de lo que han encontrado útil.

Me hubiera gustado saber que...

NO HAY DOS
niños IGUALES

S abíamos que todos los niños son únicos, pero la tendencia de comparar a nuestro hijo con otros seguía siendo muy real. Desde luego, sabíamos que nuestra hija era más hermosa que las demás. Supusimos que también era más inteligente que las demás, y estábamos comprometidos a ser padres modelos. El problema fue que no habíamos leído libros sobre la crianza de los hijos, no asistimos a conferencias sobre la crianza y apenas teníamos ideas vagas de lo que implicaba criar hijos. Por tanto, hablábamos de manera natural con otros padres respecto de los hijos y obtuvimos sus ideas sobre cómo ser buenos padres. Lo que averiguamos fue que el consejo que recibimos era contradictorio. Las personas tenían ideas diferentes sobre cómo criar niños, y descubrimos que no todos los chicos eran iguales.

De ahí que comparar a nuestro hijo con otros no fue muy útil. La trampa de la comparación puede ocasionar en las parejas una batalla emocional innecesaria. Además del consejo contradictorio de otros, a menudo los padres descubren que existen ideas distintas sobre cómo criar a sus hijos. Por eso, la comunicación comprensiva es tan importante. Debemos escucharnos mutuamente como amigos del mismo equipo, no como competidores.

No solo comparamos a nuestros hijos con los de otras parejas, a veces comparamos a nuestros propios hijos entre sí. Esto es injusto para ellos y frustrante para los padres. Cuanto más pronto entendamos que no hay dos niños iguales, y que no debemos tratar de obligarlos a pensar y actuar del mismo modo, más pronto estaremos en el camino de convertirnos en buenos padres.

¿Demasiado grande? ¿Demasiado pequeño?

Veamos algunos de los aspectos en que los niños son únicos. Después del nacimiento del niño, ¿cuál es la primera información que comunicamos a familiares y amigos? "Es niña; midió 50 cm y pesó 3,300 kg". ¿Y qué respuesta obtenemos? "Ah, casi igual a nuestra bebita. Ella midió 49 cm y pesó 3,195 kg". Por supuesto, esta conversación suelen tenerla las madres. Los padres solo declaran: "Es una niña y está sanita".

Tamaño y peso son normalmente las primeras comparaciones que hacemos. Los padres preocupados pueden preguntarse cuál es el peso normal para un bebé. No hay nada malo con esa pregunta, pero la realidad es que existe un rango amplio de peso "normal": entre 2,5 kg y 4,5 kg. El 95% de todos los recién nacidos caen dentro de este rango. Si tu hijo pesa menos o más, esto no significa que tenga un problema grave, pero sí puede significar que tal vez requiera ayuda especial. Aquí es cuando los pediatras y las enfermeras neonatales pueden ser de gran utilidad.

Es común que un bebé pierda de 5% a 10% de su peso en los días posteriores al nacimiento. No te asustes. Esto es normal. Karolyn y yo no lo sabíamos y, de algún modo, nos preocupamos. De haberlo sabido, habríamos ahorrado llamadas al pediatra. Después, muchos niños experimentan una racha de crecimiento cuando tienen entre siete y diez días de nacidos. Rachas adicionales de crecimiento pueden ocurrir entre las tres y las seis semanas de edad. El bebé puede requerir alimentación adicional y ser amamantado más tiempo. Si las madres no son conscientes de esto, podrían preguntarse: "¿Qué le ha ocurrido a este bebé?". Desde luego, estos patrones pueden variar porque los niños realmente son únicos. A medida que el niño crece, el tamaño y el peso pueden seguir siendo una ansiedad para los padres. Por ejemplo, a una madre puede preocuparle que su hijo sea más pequeño que los otros niños en la clase preescolar. Podría preocuparle que lo molesten, lo subestimen o que se sienta inferior a causa de su tamaño pequeño. A otra madre podría preocuparle que el tamaño de su hijo, más grande que el promedio, pueda hacer que otros lo cataloguen como si tuviera talento atlético, que tal vez no posea.

Otros padres pueden comparar el estilo y el peso del cuerpo de su hijo con los de otros niños y preocuparse de que el de ellos esté "muy flacucho" o "demasiado gordo", y de que, a causa de su cuerpo, pueda bajar su autoestima. Inquietudes como estas a veces tan temprano, e incluso cuando son bebés, pueden darse en toda la niñez a medida que los cuerpos de los niños cambian. Al tratar con inquietudes relacionadas con el físico, los padres pueden pensar en consultar con expertos médicos y consejeros como una manera de obtener conocimiento, perspectiva y paz mental. Tales consultas pueden ayudar a calmar preocupaciones innecesarias. En casos en que se justifique la preocupación, consultar puede generar ideas sobre cómo puede ayudarse al niño a que supere con éxito los retos relacionados con el físico.

Tener una actitud y un manejo positivo de asuntos relacionados con problemas físicos puede no solo ayudar a reducir la tensión de los padres, sino que también puede aumentar en gran manera la autoestima del niño y sus habilidades positivas para resolver problemas.

El comensal exigente

Otro aspecto en que los niños son únicos está en los hábitos de alimentación. Ya vimos patrones comunes de pérdida de peso y "rachas de crecimiento" que ocurren en los primeros días. A medida que el niño crece y que puede consumir lo que comúnmente llamamos "comida de bebés", su singularidad se hace más evidente. Algunos niños parecen muy interesados desde el principio en una amplia variedad de alimentos, mientras que otros son melindrosos o "exigentes" en cuanto a lo que comen. Aún recuerdo a nuestro hijo haciendo una mueca horrible y alejando la cuchara llena de arvejas. Por otra parte, recibió de buena gana la papilla de manzana.

Shannon me dijo que su madre le contó que su mamá (la abuela de Shannon) llevaba sándwiches de mantequilla de maní y banana a las reuniones familiares porque sabía que la madre de Shannon no comería nada más. Debo confesar que de niño me gustaba la mantequilla de maní y los sándwiches de mermelada. Las bananas estaban bien cuando podían conseguirse.

Con relación a sus propios hijos, Shannon comenta: "Avery era exigente para comer hasta los ocho años de edad, en que comenzó a abrirse más a alimentos nuevos. Carson todavía es exigente, sus favoritos son los sándwiches de mantequilla de maní con leche. Nos emociona que el niño esté ampliando poco a poco sus intereses para incluir nuevos favoritos: brócoli y maíz. Presley parece hasta ahora naturalmente receptiva a una amplia gama de alimentos, por lo que nuestras luchas de comidas con ella son mucho menos que con nuestros muchachos".

Si somos sinceros, la mayoría de nosotros como padres también tenemos algunos alimentos que no nos gustan y que rara vez, o nunca, comemos. No voy a nombrar lo que no me gusta, porque podrían ser tus comidas favoritas. También somos únicos cuando se trata de opciones alimentarias. Nuestro nieto, que está en el colegio, aún no come queso a menos que sea en pizza.

¿Qué tienen que hacer los padres? Mi sugerencia es presentar a los hijos una variedad de alimentos, pero sin obligarlos a comer lo que no les gusta. Una probadita es algo bueno, pero no hay que obligar al niño a comer todo el frasco de compota si siente arcadas con cada bocado. No debemos jactarnos de que un niño se come el brócoli, mientras el otro no lo hace. Esperamos que, con el tiempo, ustedes descubran suficientes opciones saludables de alimentos para ayudar a mantener al niño vivo y en buenas condiciones. Acepten la realidad de que los niños son únicos cuando de opciones de alimentación se trata.

¿Hay una cantidad "correcta" de sueño?

Un tercer aspecto de singularidad son los patrones de sueño. Mientras que todos los niños necesitan dormir, la cantidad de horas y cuándo duermen puede variar mucho de niño a niño. Nuestra hija dormía dieciocho horas diarias. Me preocupaba que ella no estuviera recibiendo suficiente estimulación física y mental. No sabía que, por lo general, los recién nacidos duermen de once a dieciocho horas al día. Ojalá alguien me hubiera dicho eso antes que mi hija naciera. Se habrían disipado mis temores.

El sueño es la principal actividad del cerebro durante la infancia. Dormir durante los primeros meses ocurre todo el tiempo, y el ciclo sueño-vigilia interactúa con la necesidad de recibir alimento y cambio de pañal. Los ritmos de sueño empiezan a manifestarse como a las seis semanas, y entre los tres y los seis meses, la mayoría de los bebés tienen un ciclo regular de sueño-vigilia. Sin embargo, este ciclo difiere en cada niño.

La clave para los padres es aprender los patrones de sueño del bebé e identificar señales de somnolencia. Algunos bebés lloran, mientras que otros se refriegan los ojos. La mayoría de los pediatras recomienda que se coloque al bebé en la cuna cuando aparezcan señales de somnolencia, no después que el pequeño se haya quedado dormido. Esto le ayuda a aprender a conciliar el sueño, lo que a menudo le permite volver a dormir cuando despierte durante la noche.

A los tres o seis meses, no es demasiado pronto para establecer rutinas de sueño. Ciertas actividades, como bañarlo, leer, cantar y orar, hechas de modo constante y en el mismo orden, preparan al bebé para ir a la cama —él asociará esto con dormir— y le ayudarán a relajarse y quedarse dormido.

A menudo, a los seis meses, los bebés duermen toda la noche y ya no es necesario el alimento nocturno. Entre el 70% y el 80% harán esto hasta los nueve meses de edad.

> "Lo que más nos ayudó fue la realidad de que muchos de los niños de nuestros amigos no siempre dormían toda la noche".

Aunque la nutrición nocturna ya no es necesaria, esto no significa que los niños dormirán toda la noche. No te preocupes si esta no es tu experiencia. Shannon observa: "Hasta los tres años de edad, ninguno de nuestros hijos dormía toda la noche. Tal vez debimos haber sabido de antemano que esta era una posibilidad, pero no fue así. Consultamos varios recursos y con éxito relativo intentamos cambiar hábitos de alimentación y siestas. De vez en cuando, tuvimos progresos, solo para aceptar finalmente que las noches de insomnio son parte de la crianza de hijos. Tal vez lo que más nos ayudó fue la realidad de que muchos de los niños de nuestros amigos no siempre dormían toda la noche".

Todo esto afecta la capacidad de dormir de los padres; es más, este es uno de los primeros retos que enfrentan. Los padres ya están privados del sueño desde el primer par de días en casa con su recién nacido, aunque conservan la esperanza de que las noches de descanso pronto volverán una vez que el bebé se haya acostumbrado a vivir fuera del vientre. Pero luego se dan cuenta de que las alimentaciones nocturnas pueden causar un aplazamiento de sus esperanzas de dormir tranquilos.

Si la madre está amamantando, entonces el principal "deber nocturno" recae sobre ella. El esposo puede ayudar tratando de reducirle la carga de trabajo en otros momentos para que ella pueda dormir lo necesario. Cuando la alimentación nocturna ya no sea el problema, pero el niño siga despertándose y necesitando atención durante la noche, se pueden hacer turnos para responderle. Si se tienen dos hijos pequeños, podría adoptarse una defensa de "hombre a hombre". Si el bebé despierta y sigue llorando, es necesario responder. El bebé podría estar hambriento, mojado, resfriado o incluso enfermo. Las rutinas de cambiar pañal y alimentar durante los despertares nocturnos deben ser, en lo posible, rápidas y silenciosas. No enciendas luces innecesarias, ni hables en voz alta ni juegues con tu hijo. La noche es para dormir. Responder a las necesidades de tu hijo en esta manera le enseña que los padres lo aman y que están invirtiendo en ayudarlo, cueste lo que cueste. Tales vínculos emocionales fuertes entre padre e hijo superan el costo de un poco de sueño perdido.

Sí, tanto los padres como los niños tienen patrones diferentes de sueño. Aprender a trabajar juntos como un equipo para que todos reciban el sueño adecuado puede ser un reto, pero es necesario que todos permanezcamos sanos. Nadie puede alcanzar su potencial sin el sueño adecuado.

¿Es enfermizo mi hijo?

Un cuarto aspecto en que los niños difieren en gran manera es la salud física. Algunos niños son enfermizos y parecen luchar a menudo con alergias, virus, resfriados, dolor de oídos, etc. Otros nunca padecen tales síntomas. La realidad es que algunos niños tienen un sistema inmunológico más fuerte que otros, pero todos se enferman de vez en cuando.

Shannon cuenta una experiencia que para nada es rara. "Stephen y yo no sabíamos antes de ser padres cuánto vomitan los niños (un tema desagradable, lo sé). Hemos limpiado vómito de la cama, del auto, de la piscina y de un sinnúmero de restaurantes. Y eso es solo vómito 'normal', no vómito relacionado con una enfermedad". Si no experimentas esto con tu hijo, considérate con mucha suerte. Los niños son únicos.

No es agradable ver sufrir a un hijo. La enfermedad también afecta horarios de trabajo y escuela, lo cual causa en los padres mayor trabajo y tensión. Cuando un hijo está enfermo, la vida no puede seguir como de costumbre. Los padres son sabios si planifican por adelantado quién cuidará del hijo cuando la enfermedad aparezca. La buena noticia es que la mayoría de enfermedades de la infancia son temporales y pueden mejorarse con medicación y descanso.

Por desdicha, la medicación y el descanso no siempre pueden proteger o curar a los niños con alergias graves o malestares crónicos. Los padres cuyos hijos batallan con estos tipos de problemas deben buscar ayuda médica profesional. En estas circunstancias, los padres también pueden experimentar culpa, vergüenza, enojo, depresión y otras emociones. Lo mejor es procesar todo esto hablándolo con otras personas, como parientes, amigos confiables, pastores o consejeros. Sin la ayuda y el amor de otros, los padres no pueden ser tan eficaces para atender las necesidades de sus hijos. La sabiduría siempre busca ayuda.

Obstinado, tranquilo y más

Una de las diferencias más visibles entre los niños es la desigualdad de personalidad o temperamento. La personalidad es nuestra forma de responder a la vida. Por ejemplo, oímos a personas referirse a los niños como "obstinados" o "tranquilos". Estas características se observan temprano en la vida de un niño y son influenciadas exclusivamente por el ambiente. Y sí, cada niño es único. No obstante, hay categorías que se observan comúnmente. Veamos solo algunas de ellas:

La primera es el *nivel de actividad*. Algunos bebés y niños son orientados a la acción. En las horas que están despiertos, se encuentran en constante movimiento. Desean explorar el mundo gateando, luego corriendo y trepando. En sus cunas, estiran la mano para alcanzar juguetes en movimiento y continuamente mueven los brazos. Del otro lado, están aquellos que son felices sentados y juegan tranquilos. Exploran el mundo a través de la vista y el sonido. No están en movimiento constante. Cuando crecen, prefieren leer un libro (si los han puesto en contacto con ellos) en vez de ir a jugar en el patio. Si los padres están siempre en movimiento, podrían frustrarse con su hijo que prefiere leer a trepar la estructura de barras en los juegos infantiles.

Una segunda categoría es la *intensidad de reacción*. Algunos niños expresan sus emociones de modo fuerte y claro. Son muy intensos en cuanto a todo. Si están felices pueden reír tan fuerte y ruidosamente que te preguntas si van a ser cantantes de ópera. Si están tristes o enojados pueden gritar, lanzar cosas o golpear a alguien. A los padres les parece que estos niños reaccionan con exageración a cosas insignificantes. Los niños en el rango bajo de intensidad tienden a ser tranquilos, casi no se quejan y duermen más que el promedio. Tienen emociones, pero no las expresan con mucho ímpetu.

La tercera categoría es la *persistencia* o capacidad de concentración. Los niños que son persistentes siguen intentando algo hasta lograr su objetivo. Aquellos con poca capacidad de concentración se dan por vencidos y pasan a otra cosa.

La cuarta categoría es la *reacción a nuevas personas*. Puedes querer que tu bebé sonría y se embobe cuando alguien nuevo entra a su mundo, pero es más probable que se quede mirando impávido con un signo de interrogación en los ojos. Algunos pequeñitos sonríen y hasta dan la mano, pero otros prefieren esconderse detrás de sus padres antes que interactuar con otras personas.

La última categoría es la *adaptabilidad* o respuesta al cambio. Algunos niños de tres años de edad entran corriendo a su clase en el jardín de infantes el primer día y se unen al juego. Otros lloran y se aferran de la mano de sus padres. Hay niños que se adaptan rápidamente al restaurante, mientras que otros chillan y se niegan a comer. Algunos hacen berrinches cuando les piden que dejen de jugar o cuando se apaga el televisor. Otros aceptan rápidamente y pasan al siguiente acontecimiento. Podríamos continuar, pero captas la idea. Los niños tienen personalidades distintas. La mayor parte de los futuros padres no pasamos mucho tiempo pensando en la personalidad de nuestros hijos. Cuando llega el bebé, le besamos la cabeza rizada y ni una sola vez nos imaginamos que un día nos molestaremos porque rayará con crayones la pared. Sin embargo, si reflexionamos en la realidad de que los niños tienen personalidades diferentes, esto podría ayudarnos a comprender el comportamiento de nuestro pequeño. Lo anterior no elimina nuestra responsabilidad de enseñar y entrenar a nuestros hijos, pero nos ayuda a entender que será más difícil para algunos niños responder positivamente a personas nuevas, completar una tarea o aun estarse quieto en la iglesia.

> Podría ayudar reconocer que algunos de los rasgos que te disgustan de tu hijo, en realidad, quizá le sirvan cuando sea adulto.

Es normal que los padres deseen que sus hijos sean un poco diferentes, quizá un poco más extrovertidos o menos bulliciosos. No obstante, aunque los rasgos de temperamento pueden ser influenciados, no pueden eliminarse. Los padres que luchan con ciertas características de su hijo pueden hacerlo porque les recuerdan los propios rasgos que no les gustaban cuando eran niños, y por eso desean que su hijo cambie. O pueden sentirse avergonzados por un comportamiento de su hijo que creen que refleja de mala manera la crianza que le están dando.

Podría ayudar reconocer que algunos de los rasgos que te disgustan de tu hijo, en realidad, quizá le sirvan cuando sea adulto. Por ejemplo, niños intensos a menudo se convierten en adultos apasionados y creativos. Podrían llegar a ser líderes que hacen que las cosas sucedan. Niños que son lentos para acostumbrarse a nuevas personas o situaciones pueden convertirse en adultos atentos y solidarios, que sienten empatía hacia otros y se vuelven excelentes consejeros o cuidadores de pequeñitos. Nuestro hijo y nuestra hija eran diferentes en casi todos los sentidos. Me hubiera gustado saber esa realidad antes de convertirnos en padres. Creo que habría pasado menos tiempo tratando de ponerlo a él en el molde de ella. Ah, finalmente llegamos a aplaudir las diferencias y, ahora que son adultos, estamos igualmente orgullosos de los dos. Cada uno está haciendo una contribución positiva pero única al mundo. Espero que después de leer este capítulo, te inclines menos a comparar a tu hijo con los de otras parejas, y menos aún a comparar a tu segundo hijo con el primero.

A propósito

1. Si te criaste con hermanos, ¿cuán diferente eres de cada uno de ellos?

2. ¿Hicieron alguna vez tus padres declaraciones de comparación entre tú y tus hermanos? Si así fue, ¿cómo te hizo sentir aquello?

3. ¿Te comparaste alguna vez de niño con tus compañeros? Si así fue, ¿cuáles fueron algunas de tales comparaciones? ¿Ayudaron a tu autoestima o la perjudicaron?

4. ¿Hubo ciertos alimentos que te disgustaban de niño? ¿Cómo reaccionaban tus padres a tus gustos únicos? ¿Crees que su reacción fue buena para ti?

5. ¿Recuerdas que tus padres hablaran alguna vez de tus patrones de sueño cuando eras pequeño?

6. ¿Qué puedes aprender de cómo tus padres te compararon o no con otros niños?

7. ¿Qué tan bien crees estar preparado para aceptar a tu hijo como único en las diferentes áreas que hemos analizado en este capítulo?

8. Tal vez ustedes dos puedan debatir y ponerse de acuerdo en que "aceptaremos a nuestro hijo o hija tal como es y no lo compararemos con otros niños, no trataremos de imponer nuestra imagen preconcebida del niño perfecto en él o ella".

Me hubiera gustado saber que...

ENSEÑAR A IR AL BAÑO
no es cuestión de risa

Debo confesar que antes de convertirnos en padres nunca presté atención a enseñar a ir al baño. Sabía que los niños no llevarían pañales para siempre, pero no tenía ni idea de cómo o cuándo hacían la transición. Sin embargo, una vez que cambié algunos pañales, empecé a preguntar a mi esposa: "¿Cuánto tiempo tenemos que hacer esto? ¿Cuándo aprenderá el bebé a ir al baño? ¿Cómo le enseñamos?". Me esperaba una sorpresa amarga cuando descubrí que enseñarle a nuestro pequeño a ir al baño no es cuestión de risa.

Espero que este capítulo les ayude a estar mejor preparados de lo que yo lo estaba. Shannon y yo recomendamos a nuestros clientes que primero se preparen para el proceso. Un primer paso importante es reconocer que nuestra perspectiva y la de nuestro hijo pueden ser diferentes. Así, es probable que los padres veamos el procedimiento como algo deseable y bastante fácil. Les decimos a los niños: "No querrás usar un pañal sucio y mojado ahora que eres un niño grande, ¿verdad? Puedes hacer esto, así que intentémoslo". Por otra parte, el niño puede sentirse confundido o asustado con la idea de sentarse en un inodoro. Sus pensamientos podrían ser: *¿Quieres que yo haga qué? Soy realmente bueno en ensuciar mi pañal. ¿Quieres ahora que me siente en eso? ¡Podría caerme!*

Al considerar la perspectiva del niño, podemos estar más preparados para enfocar el proceso de enseñarle a usar el baño con compasión y paciencia. Usar el inodoro, sin duda, representa un cambio importante para tu hijo. Nuestra habilidad de identificarnos con la disposición del niño para ajustarse al cambio puede hacer que sea más fácil el proceso de entrenamiento en ambas partes.

Uno de los errores más comunes que cometen los padres es comenzar a enseñar a usar el baño demasiado pronto. En su afán de salir de la etapa del pañal, presionan al chiquillo a que haga algo que todavía no es capaz de hacer. Una vez más, según aprendimos en el capítulo anterior, los niños son únicos. Algunos pueden empezar a aprender a ir al baño tan pronto como a los dieciocho meses, otros no estarán listos hasta los tres años. Así que, ¿cómo saber cuándo comenzar la enseñanza?

¿Estás listo?

En primer lugar, observa a tu hijo. He aquí algunas de las señales de que un niño ha alcanzado el desarrollo para comenzar el entrenamiento. Una de las primeras señales es que empieza a comunicar que su pañal está sucio. Podría señalar el pañal o llevar uno nuevo a sus padres. También podría expresar interés en usar el baño porque ha visto que sus padres u otros hermanos lo hacen. El pequeño tal vez haga preguntas, muestre interés en el papel higiénico o desee jalar la cadena. Los padres también pueden sospechar que el niño se encuentra listo cuando el pañal está seco después de una larga mañana o una siesta a la tarde. Estas son algunas señales de que el pequeño ha alcanzado el desarrollo para su entrenamiento del baño. Si los padres inician los esfuerzos demasiado pronto, el proceso tardará más, y tanto ellos como el niño experimentarán frustración.

Una vez que crean que el niño está listo, la segunda pregunta es: ¿Están *ustedes* listos? No comiencen el proceso cuando uno de los dos acaba de tomar un nuevo empleo o cuando recientemente han cambiado de niñera. Si planean mudarse a otro apartamento o casa en algunas semanas, sugiero que retrasen la enseñanza del baño. ¿Están física, emocional y mentalmente preparados para la tarea? Recuerden que este no es asunto de risa. Pueden oír a sus amigos decir que entrenaron a su hijo en una o dos semanas. Yo no confiaría en eso. Ustedes tendrán contratiempos. Podrían pasar de tres a cinco meses antes que el niño controle constantemente la vejiga y los movimientos intestinales. Cuanto más pequeño sea el niño al comenzar a entrenarlo, más tiempo le tomará alcanzar el objetivo. Así que prepárense para la maratón. Si la carrera es más corta, entonces pueden festejar.

> Cuanto más pequeño sea el niño al comenzar a entrenarlo, más tiempo le tomará alcanzar el objetivo.

Cuando ustedes y su hijo estén listos para empezar, uno de los primeros pasos es comprar un orinal o bacinilla para niños, o un adaptador para el inodoro regular. La mayoría de los expertos aconsejan comprar una bacinilla, pero ustedes tienen la decisión. Si compran el adaptador, asegúrense de que el pequeño se siente cómodamente y se ajuste con firmeza. También deberán comprar un banquito que le ayude al niño a subirse y bajarse del inodoro, y que le proporcione una plataforma para los pies de modo que pueda pujar durante los movimientos del bolo intestinal.

Ahora que tienen listo el equipo, ¿cómo empezar? Creo que las páginas web pueden ser una manera fácil e interesante de despertar el interés del niño. Hay a disposición muchos buenos libros como *Es hora de ir al baño*. Ver videos como los de "Nina tiene que ir", disponibles en YouTube, también es una excelente manera de estimular la conversación con el niño. Recursos como estos están escritos e ilustrados en forma amigable para el infante; le presentan el concepto y lo animan en sus esfuerzos.

Ahora que el niño está captando la idea, también pueden estimularle el interés dejándole que suelte el agua. Antes que el pequeño aprenda realmente a usar el inodoro, parece que le interesa más jalar la cadena. Esta experiencia le amplía el concepto de la función del inodoro.

¡Hora de sentarse!

En algún momento, los padres deben animar al niño a sentarse en la bacinilla o en el inodoro. Algunos pediatras recomiendan que empiecen a entrenar al pequeñín con la ropa puesta. El propósito es ayudarle a sentirse cómodo al sentarse en la bacinilla. Después pasen a sentarlo sin pañal o ropa. Si el chiquillo experimenta fuerte resistencia, tal vez lo mejor sea retrasar el proceso una semana o más, y volver a intentarlo. Una lucha de poder con el niño hará más lento el proceso.

Algunos padres usan como ejemplo el peluche favorito del niño. Sientan el juguete en un orinal simulado mientras el niño se sienta en el real. Así, el pequeño y su animal de juguete están haciendo juntos lo mismo.

Comprarle ropa interior también puede motivarlo. La ropa interior de niños pequeños a menudo está decorada con personajes de tiras cómicas que él conoce. "Puedes usar esta ropa interior cuando aprendas a usar el orinal", podría ser un incentivo eficaz.

Establecer una rutina en que el niño se siente a ciertas horas cada día en el orinal puede ayudarle a concentrarse. Aunque fracase, está aprendiendo que ir al baño es parte de la vida. Algunos padres animan a sus hijos a ver libros mientras están en el inodoro. Sugiero que esto podría ser más útil si los libros son sobre el tema del uso del baño.

Si después de sentarse en el orinal sin el pañal el niño no tiene éxito, algunos padres han descubierto que si dejan que el pequeño juegue sin pañal, irá al baño cuando tenga la vejiga llena. Una vez que él tiene éxito, ustedes han cruzado una meta importante. La segunda meta es un movimiento intestinal en la bacinilla. Cuando esto sucede, están en el camino hacia el éxito. Sin embargo, no esperen perfección. Estar "en el camino" no es lo mismo que cruzar la meta final. Habrá errores y suciedad que limpiar, pero día tras día, semana tras semana, y a veces mes tras mes, el porcentaje de éxito en el niño mejorará.

Durante la noche

Una vez que el control diurno esté en marcha, es hora de pensar en el control nocturno. No quiero desanimarlos, pero esto podría tardar aún más. Todo depende de lo bien que el niño duerma y de lo bien que su vejiga pueda contenerle la orina. Tal vez ustedes quieran intentar algunas noches sin pañales (asegúrense de proteger el colchón). Si el niño no tiene éxito, entonces regresen a los pañales. Comuníquenle que todavía no está listo, pero que intentarán de nuevo en un par de semanas.

Un paso que puede ser útil es pedirle al niño que use el baño justo antes de acostarse. Otro paso es restringir lo que bebe antes de la hora de dormir. No obstante, no entren en pánico si el niño no tiene éxito de inmediato. Los pediatras indican que algunos niños tienen accidentes nocturnos durante varios meses y, en ocasiones, años. Sé que ustedes esperan que su hijo no caiga en esta categoría, pero no es algo anormal.

Actitudes saludables y prácticas mejores

A Shannon y a mí nos gustaría recomendarles las siguientes actitudes y prácticas cuando enfrentan el reto de enseñar a su hijo a ir al baño. No es cuestión de risa, pero creemos que las siguientes ideas les ayudarán a tener éxito; me gustaría haberlas sabido antes que Karolyn y yo tuviéramos hijos.

Mantengan expectativas saludables. Recuerden que todo niño es único. No obliguen a su hijo a permanecer en el orinal. En medio de la frustración, ustedes podrían sentir la necesidad de hacerlo, pero forzar al pequeño en realidad puede retrasar el proceso. Si el nivel de frustración en ustedes se vuelve tal que sienten la necesidad de obligar a su hijo, amenazarlo con perder privilegios o hacer que reciba castigo si no usa el orinal, entonces tienen que pensar en hacer una "pausa" a fin de recuperar la compostura y perspectiva. No tengan miedo, finalmente el niño aprenderá a usar el baño. Expectativas saludables por parte de los padres pueden tener muchos resultados positivos para ellos y sus hijos.

Diviértanse. Conservar una actitud divertida siempre que sea posible puede ayudar a mantener positivo el proceso de enseñanza. Algunos padres intentan hacer divertido el entrenamiento de ir al baño usando canciones. Por ejemplo, con la melodía de "Las ruedas del autobús" se puede cantar algo como: "Esta es la manera de orinar en el inodoro, de orinar en el inodoro, de orinar en el inodoro. Esta es la manera de orinar en el inodoro. Todo el día". Las melodías de cualquier cantidad de canciones infantiles se prestan para reescribirlas juguetonamente con el propósito de enseñar. Tácticas divertidas como esta pueden ayudar a eliminar gran parte de la ansiedad en el pequeño.

Recompensen apropiadamente. Hasta la recompensa más sencilla puede ser un incentivo atractivo para que el niño persevere en sus esfuerzos. Una pegatina especial, una chocolatina o cualquier cosa que a su hijo le guste lo motivarán. Existen muchas posibilidades de recompensa, por lo que los padres solo deben pensar en tales preferencias acerca de lo que es práctico, asequible y prudente. Pequeños premios pueden darse, aunque el niño solo intente sin que tenga verdadero éxito. Una advertencia: no exageren con las recompensas. Barras grandes de caramelo o juguetes caros enviarán el mensaje equivocado. El niño podría usar esto contra ustedes cuando sea un poco más grande. Se le llama manipular a los padres. "Haré esto, pero solo si me regalas una bicicleta nueva".

Esperen fracaso. Recuerden que esto no es algo gracioso. Los niños pueden fallar muchas veces en sus esfuerzos antes de triunfar finalmente. Esperar algún fracaso les ayudará a ustedes en sus esfuerzos. Esperen humedad y suciedad en ropa interior, y accidentes en el piso tanto en casa como en lugares públicos. Al esperar estas y otras fallas, los padres enfocarán la enseñanza con más realismo y evitarán frustración innecesaria en ellos y en sus hijos.

Estén listos cuando él esté listo, especialmente al encontrarse en lugares públicos. Shannon cuenta su experiencia: "A Stephen y a mí nos asombra que nuestros hijos quieran ir al baño precisamente cuando recibimos nuestro pedido en el restaurante o cuando conducimos por la autopista. Asimismo, ellos tienen una rara habilidad de ir varias veces durante un concierto o un evento deportivo, y justo cuando tocan nuestra canción favorita o se realiza un momento importante en el juego". Sí, si el niño ya está listo, entonces ustedes tienen que estar listos para ir al baño con él.

Solo un comentario sobre los baños públicos. Cuando están en el proceso de entrenar a su hijo, no pueden "esconderse" en casa para siempre. No permitan que el entrenamiento les evite viajar o salir a comer. Prepárense para el acontecimiento. Lleven el orinal o el adaptador del inodoro. También es importante llevar cubrimientos desechables de inodoros y desinfectante para las manos. Sé que ustedes son conscientes de la salud del niño, pero con el tiempo serán capaces de vencer sus fobias a los gérmenes y llegar a apreciar la conveniencia de los baños públicos.

Tengan paciencia. Tarde o temprano, su hijo podrá usar a solas el baño, aunque sé que en casos raros hay problemas médicos e incapacidades físicas que pueden evitarlo. Estos padres deberán confiar en que las autoridades médicas ayuden al niño a que alcance su potencial en este asunto.

Más común, pero aún desafiante, es la realidad de que algunos

> **Busquen, incluso, los éxitos más pequeños a lo largo del camino y festéjenlos.**

niños pueden experimentar retos nocturnos de mojar la cama, que pueden deberse o no a condiciones médicas. Este problema puede persistir incluso durante la adolescencia. Para estos niños, que deben ser entrenados de otra manera, los padres pueden considerar el uso de ropa interior absorbente hecha especialmente para niños que lidian con este problema.

Los padres que enfrentan dicha situación querrán consultar recursos adecuados, como el pediatra del niño y sitios web de empresas como GoodNites, que es una de las muchas marcas de productos hechos para ayudar a los niños con problemas nocturnos de mojar la cama. Sin importar la causa de esta condición, el equilibrio de los padres entre tener paciencia con la situación y tratarla, a la larga será útil tanto para ellos como para sus hijos.

Festejen el éxito. No esperen hasta que el objetivo final se logre. Busquen, incluso, los éxitos más pequeños a lo largo del camino y festéjenlos. Palmaditas, abrazos, bailes alegres y todo lo que comunique cuán orgullosos están de los éxitos del niño son maneras de festejar. Después de todo, ¡el trabajo que ustedes y su hijo han puesto en este entrenamiento merece festejarse!

Cuando ustedes y su hijo hayan olvidado sus días de entrenamiento, esta experiencia habrá servido como uno de sus primeros esfuerzos comunes de resolución de problemas. Por difícil que esta enseñanza pueda haber sido, habrán modelado en su hijo muchas virtudes, como paciencia, diligencia, ánimo, esperanza y el gozo del triunfo. El entrenamiento que tanto ustedes como su hijo recibieron se presentará en otras oportunidades de resolver problemas, que surgirán a lo largo de la infancia.

Recuerden esto: millones de padres han vivido el proceso de enseñar a ir al baño, y ustedes también lo harán. Después de todo, también vivieron esta experiencia cuando eran niños, y ahora como adultos imagino que no recuerdan mucho al respecto. Pregunten a sus padres; ellos también pueden tener pocos recuerdos. Así que anímense. Ustedes son aptos para la tarea. Después de leer este capítulo, tal vez rían cuando experimenten algunas de las cosas que hemos analizado.

A propósito

Es probable que antes que su hijo naciera, no pensaran en el entrenamiento de ir al baño. Pero, cuando llegue el momento, he aquí algunas cosas adicionales que tal vez deseen hacer.

1. Lean otra vez este capítulo y subrayen las ideas prácticas que hemos compartido.

2. Hablen con sus padres de lo que recuerdan cuando ustedes estuvieron en este proceso de entrenamiento. ¿Qué técnicas utilizaron? ¿Cuánto tiempo tomó?

3. Hablen con una pareja que con éxito haya entrenado a su hijo a ir al baño. ¿Qué técnicas usaron? ¿Cuánto tiempo les tomó? (Recuerden que no hay dos niños iguales).

4. Lean en línea algunos artículos sobre el entrenamiento de ir al baño.

5. Analicen entre ustedes las ventajas y los inconvenientes de las sillas orinales contra los asientos adaptables al inodoro.

6. Practiquen cantando las siguientes palabras con la melodía de "Las ruedas del autobús". "Esta es la manera de orinar en el inodoro, de orinar en el inodoro, de orinar en el inodoro. Esta

es la manera de orinar en el inodoro. Todo el día". (Cántenlas en pareja si quieren reír). Algún día encontrarán el tiempo apropiado para cantarlas con su hijo.

7. Mantengan una actitud positiva y recuerden que tarde o temprano su hijo aprenderá a utilizar el inodoro.

Me hubiera gustado saber que...

Los niños necesitan
LÍMITES

reo que sabía, en sentido general, que los padres eran responsables por establecer normas para proteger y guiar a sus hijos hacia la madurez. Solo que no sabía cuán pronto comenzaría el proceso y cuánto tiempo tardaría. Descubrí que es un trabajo de dieciocho años, y que los primeros diez años son los más importantes. Es más, el modo en que ustedes ayuden a su hijo a vivir dentro de límites saludables hasta la edad de diez años determinará en gran manera la calidad de la relación que tendrán con su adolescente.

Los límites saludables surgen de la preocupación por el bienestar del hijo. No son normas arbitrarias transmitidas de generación en generación. Queremos que nuestros hijos sean seguros, saludables y que tomen buenas decisiones. Esperamos que, con el tiempo, se vuelvan adultos responsables y autocontrolados, que influyan positivamente en el mundo. Pero los retos de ayudar a los hijos a recorrer este sendero cambian de año en año, a medida que cambia la cultura. Es más, la cultura misma impone de vez en cuando nuevas normas para la seguridad del hijo. Shannon me recordó que se deben enfrentar los límites cuando se sale del hospital con el recién nacido y es necesario colocar correctamente el cinturón de seguridad en el asiento especialmente diseñado para el pequeño.

> El modo en que ustedes ayuden a su hijo a vivir dentro de límites saludables hasta la edad de diez años determinará en gran manera la calidad de la relación que tendrán con su adolescente.

Donde todo comienza

En Estados Unidos, antes de salir del hospital, los padres deben mostrar pruebas a una enfermera u otro miembro del personal de que tienen un asiento de seguridad apropiado, y que el bebé está adecuadamente asegurado en ese asiento. La ley federal (Administración Nacional de Seguridad Vial) requiere que los niños que viajan en vehículos de motor estén sujetos de manera adecuada en asientos de seguridad hasta que sean bastante grandes para caber en un asiento regular con el cinturón de seguridad debidamente abrochado. No existía esa ley cuando nuestro primer hijo nació. Sin embargo, tales leyes se basan en hechos concretos relacionados con la seguridad infantil en el mundo moderno.

Es probable que tu bebé no se resista a tus esfuerzos de colocarlo en el asiento de seguridad mientras conduces del hospital a casa (aunque podría llorar durante unos minutos). No obstante, puedo asegurarte que a medida que crece no siempre querrá ser sujetado a su asiento de seguridad. Como pequeño, está más interesado en ejercer su voluntad y su deseo de libertad que en cumplir tus reglas. Los padres enfrentan ahora el reto de hacer cumplir la regulación de los asientos de seguridad con niños que no entienden o a quienes no les importa su seguridad. Entonces, ¿qué tienen que hacer los padres?

Deben disciplinarse para hacer respetar los límites que las leyes terrenales imponen, porque saben que es por la seguridad de su hijo. Shannon me expresó dos de sus declaraciones favoritas: "Puedo sentarte en tu asiento o puedes hacerlo por ti mismo". O: "¿Puedes sentarte en tu asiento antes que cuente hasta cinco? Uno... dos... tres...". Tácticas adecuadas como estas brindan al niño la oportunidad de ser parte de la decisión. En este caso, "ganan" tanto los padres como el niño.

Desde luego, en última instancia, el niño debe sentarse en el asiento del auto. De ahí que, si la persuasión falla, con cuidado y amor los padres deben emplear su fuerza y tamaño físico para ayudar al niño a sentarse. Sin embargo, esto debe hacerse con amor y sin ira. En su enojo, sin querer algunos padres pueden herir físicamente a su hijo mientras lo colocan dentro del asiento.

¡Ánimo! A los cuatro años de edad, los niños suelen ser capaces de ubicarse en el asiento y abrochar y desabrochar con destreza sus cinturones de seguridad con poca o ninguna ayuda de parte de sus padres. Estos pueden recibir con agrado tal conveniencia, pero con el aumento de independencia del hijo, viene un nuevo inconveniente: su capacidad de desabrochar su cinturón de seguridad sin permiso. Shannon habla de su propia experiencia: "Hemos tenido que detener muchas veces el auto para recordar a uno de los niños que no podemos continuar hasta que abroche su cinturón de seguridad. Esto suele funcionar bien, en especial si estamos en camino a la heladería. Por supuesto, si no funciona, volvemos a ejercer autoridad de padres (esperemos que de una manera amorosa y amable)".

¿Por qué he tomado tanto tiempo para hablar de los asientos de seguridad? Porque allí es donde todo empieza: desde el primer día que debes llevar a tu bebé en el auto. Esta es la primera vez que tu hijo experimenta los beneficios de la fijación de límites con relación a la seguridad y al cumplimiento de las leyes. Cumplir las leyes culturales (o reglas) es importante para que el niño llegue a ser un ciudadano responsable.

> Cuando estudié antropología cultural, descubrí que no existen culturas que no tengan un código moral.

Antes de estudiar consejería, hice una licenciatura y un posgrado en antropología cultural. Descubrí que no existen culturas que no tengan un código moral. En toda cultura, hay cosas que los niños hacen y no hacen. Lo mismo se aplica a los adultos. Los padres desempeñan el papel más importante en enseñar al hijo normas de conducta generalmente aceptadas.

Los bebés no son capaces de decidir cómo vivir y, sin las normas de los padres, no llegarían a la edad adulta. Durante la infancia, los padres deben hacer cumplir por completo las normas y controlar el comportamiento del pequeño. Esto significa que Juanito no podrá gatear hacia el fuego, sin importar lo atraído que se sienta por las llamas que se elevan. Más adelante, como niño pequeño que es, a Juanito debe mantenérsele fuera de la calzada para que no lo arrolle un vehículo que esté pasando, por ejemplo. Por otro lado, sus padres deberán poner medicinas y sustancias tóxicas fuera de su alcance.

La realidad de las reglas

Desde esta etapa infantil que requiere control total, los padres deben ayudar al hijo a desarrollar autodisciplina. Todo niño debe transitar el camino hacia la madurez, y todo padre debe aceptar la responsabilidad que este infiere. Es una tarea asombrosa que requiere sabiduría, imaginación, paciencia y grandes cantidades de amor. Es mi deseo que este capítulo les ayude a estar mejor preparados para la tarea que realicé cuando nuestra hija primogénita nació.

Empecemos con una simple realidad: ¡Los padres son más viejos que los niños! Se supone que, al tener más edad, contamos con más sabiduría que ellos. Por tanto, los padres deben desarrollar las normas que creen que son mejores para el niño. A los atareados y cansados padres de hoy, a menudo les resulta más fácil dejar que Santiaguito o Teresita se queden despiertos hasta tarde o que consuman comida chatarra. Es verdad que algunos padres abusan de su autoridad. Sin embargo, el mayor peligro es criar a un hijo que crecerá sin los límites que tanto necesita. En una familia saludable y llena de amor, la autoridad de los padres se usa para el beneficio de los hijos. Los padres deberán estar comprometidos con elevadas normas morales y éticas. Adoptarán virtudes de amabilidad, amor, honestidad, perdón, integridad, duro trabajo y trato respetuoso hacia otros. Los hijos que obedecen a sus padres cosechan los beneficios de vivir bajo sana autoridad.

No obstante, antes de hablar sobre cómo hacer normas razonables, quiero abordar otro asunto importante. Los padres deben distinguir entre qué es comportamiento adecuado de desarrollo y qué es mala conducta. Lo primero es aquello que lleva a un pequeño a explorar y descubrir cómo funciona el mundo que lo rodea. Eso puede significar que un chico de un año de edad haga un desastre mientras juega con su comida, que un niño de dos años diga "no" a muchas solicitudes porque está aprendiendo a hablar, o que un pequeñín de tres años salpique en la bañera porque es divertido salpicar. Niños mayores pueden hacer cosas como usar artículos del hogar para construir un fuerte en su alcoba, rayar accidentalmente una mesa mientras dibuja o pinta, o sin intención raspar el auto de sus padres mientras pasa con la bicicleta demasiado cerca del vehículo.

Cualquiera de estos comportamientos puede enfadar a los padres y, sin duda, son oportunidades para enseñar lo que es aceptable o no. Sin embargo, estos tipos de comportamiento en realidad no son mala conducta, sino procederes esperados de desarrollo. Los niños están explorando y descubriendo sus alrededores. Están divirtiéndose. Están creciendo en sus habilidades físicas y cognitivas, de tal manera que cada vez son menos torpes y más capaces de aprender y seguir normas y expectativas. Debido a estas realidades del desarrollo, los padres deben ser pacientes y tener en cuenta primero los aspectos del desarrollo en el comportamiento de sus hijos antes de considerar una acción como mala conducta.

A medida que con el tiempo los padres siguen enseñando normas y expectativas a sus hijos, y a medida que estos se vuelven más capaces de diferenciar el proceder bueno del malo, los padres pueden confiar más en distinguir entre comportamiento y mala conducta.

Cuando el tanque del amor del niño está bajo, es más probable que se comporte mal.

La verdadera mala conducta, cuando un hijo rompe voluntariamente una regla, debe examinarse. Una buena pregunta que debemos hacernos es: "¿Por qué mi hijo haría eso?". Alfred Adler, conocido e innovador psicoterapeuta, sugirió cuatro posibilidades: atención, poder, venganza e inadaptabilidad. Yo agregaría: necesidad de amor. Cuando el tanque del amor del niño está bajo, es más probable que se comporte mal. Si se entiende lo que hay detrás de la mala conducta, es más probable obtener una respuesta positiva.

Adler sugiere que, si observamos nuestra propia reacción emocional a la mala conducta del pequeño, tal vez podamos determinar qué ocurre en su interior. Si la mala conducta está motivada por necesidad de atención, podríamos molestarnos. Si es poder, podríamos enojarnos y entrar en una lucha de poderes. Si es venganza, podríamos sentirnos heridos y avergonzar al niño. Si hay inadaptabilidad detrás de la mala conducta, podríamos sentirnos impotentes y emocionalmente desconectados. Al estar más en contacto con nuestros propios sentimientos, podemos entender mejor la mala conducta de nuestro hijo y responder en maneras más eficaces que engatusarlo, dominarlo, avergonzarlo o rechazarlo.[1]

Volvamos ahora la atención a la tarea de fijar límites saludables. Límites son normas establecidas por los padres para el desarrollo sano del niño. La fijación de límites debe acompañarse del concepto

---

1. Rudolf Dreikurs, *Children: The Challenge* (Nueva York: Hawthorn/ Dutton, 1964).

de consecuencias cuando se hace caso omiso a los límites. Los hijos deben aprender que todo comportamiento tiene consecuencias. La conducta obediente produce consecuencias positivas; la desobediente produce consecuencias negativas. Este proceso implica tres aspectos: fijar reglas, fijar consecuencias (tanto buenas como malas) y administrar disciplina. Examinémoslas.

Fijar reglas

Hacer o no hacer es la naturaleza de las reglas, las cuales dan pautas para la vida familiar. Son cosas que no hacemos en nuestra familia: mascar chicle en la mesa, hacer rebotar una pelota en la cocina, dejar en casa velas prendidas, saltar sobre el sofá o maltratar al perro. Estas son cosas que sí hacemos en nuestra familia: guardar herramientas cuando terminamos de usarlas, guardar juguetes cuando terminamos de jugar con ellos, apagar las luces al salir del cuarto, poner la ropa sucia en la lavandería y decir: "¿Puedo levantarme?" cuando terminamos de comer. Todas las familias tienen reglas, pero no todas las familias tienen normas razonables.

Las buenas normas tienen cuatro características: son *intencionales*, son *mutuas*, son *razonables* y *se analizan* con toda la familia. Las normas intencionales son las que hemos considerado de manera consciente. No emergen simplemente de nuestra frustración en el momento, sino que son producto de bastante reflexión en cuanto a por qué se necesita la regla, cuál es su propósito y si es realmente para el beneficio de todos.

Las normas intencionales significan que no tenemos una regla simplemente porque se haya normado en nuestras familias originales. Por ejemplo, una vez tuvimos la regla de "no cantar en la mesa".

—¿Por qué tenemos esa regla? —preguntó un día Karolyn.

—Bueno, esa era una regla en mi casa —contesté.

—Sé que también era una regla en mi casa —cuestionó mi esposa—.

Sin embargo, ¿qué hay de malo con cantar en la mesa? Se trata de una manera de expresar alegría. Quiero que los niños tengan recuerdos positivos alrededor de la mesa. No se me ocurrió una buena respuesta, así que descartamos esa regla.

En segundo lugar, las normas buenas involucran aportes mutuos del padre y la madre. Cada uno de nosotros creció en familias diferentes; en consecuencia, tenemos normas distintas. Tiendo a traer mis normas al matrimonio, y mi esposa trae las suyas. Si estas normas no concuerdan, a menudo tenemos conflictos por ellas. Estos conflictos deben resolverse escuchándose entre sí, tratando al otro con respeto y buscando una solución en que ambos podamos estar de acuerdo. Por ejemplo, si crees que los eructos intencionales de los niños es algo totalmente incivilizado y tu cónyuge cree que es gracioso, quizá puedas rechazarlo en la casa y el auto, pero permitirlo en el patio trasero. Cuando los padres discrepan sobre las normas y pelean frente al hijo, este se confunde y finalmente se une a la discusión.

Las normas buenas también son razonables. Tienen alguna función positiva. Las preguntas generales son: "¿Es esta norma buena para el niño? ¿Tendrá algún efecto positivo en su vida?". He aquí algunas preguntas prácticas para hacer en cuanto a decidir sobre una norma particular:

- ¿Aleja del peligro al niño?
- ¿Le enseña algún rasgo positivo de carácter: sinceridad, esfuerzo, amabilidad, generosidad, etc.?
- ¿Lo protege adecuadamente?
- ¿Le enseña responsabilidad?
- ¿Le enseña buenos modales?

Estos son los factores que nos preocupan como padres. Queremos alejar del peligro a nuestros hijos. No queremos que nuestro pequeño sea atropellado por un auto ni que nuestros hijos mayores se involucren en drogas. Queremos enseñarles rasgos positivos de carácter de acuerdo con nuestros valores. Queremos que nuestros hijos respeten la propiedad de otros; por tanto, una norma acerca de jugar béisbol en el patio trasero y no frente a la casa, muy bien puede evitar que se rompa la ventana de un vecino. Queremos que los chicos aprendan a cuidar sus propias posesiones; por tanto, la norma acerca de poner la bicicleta en el cobertizo por la noche es una regla con propósito.

Las reglas razonables también se explican claramente a toda la familia. Las normas tácitas son injustas. No se puede esperar que un niño cumpla una norma de la que no es consciente. Los padres tienen la responsabilidad de asegurarse de que los hijos entienden cuáles son las normas. Cuando los chicos crecen, deben saber por qué sus padres han decidido dictar esta norma.

Al prescribir normas familiares, es perfectamente legítimo consultar con otros padres, con maestros de escuela y con parientes; además, es provechoso leer libros y artículos de revistas. Para tener las mejores normas posibles, los padres necesitan toda la sabiduría que puedan conseguir.

Fijar consecuencias

El letrero al lado de la carretera decía: "$250 de multa por exceso de velocidad". Levanté el pie del acelerador. Yo no tenía $250 que quisiera perder. Violar las leyes civiles, por lo general, trae consecuencias negativas. Una de las dificultades de nuestra sociedad es que, en los últimos años, las consecuencias de hacer lo malo se han retardado mediante largos y tediosos procedimientos judiciales y, en muchas ocasiones, han sido mínimas. Creo que esto ha contribuido al aumento de mala conducta civil en las últimas décadas. Motivación eficaz a la obediencia civil requiere consecuencias rápidas y certeras.

El principio es el mismo en la familia. La obediencia se aprende sufriendo las consecuencias de la desobediencia. La enseñanza eficaz de obediencia requiere que las consecuencias por romper normas deban causar incomodidad a quienes las quebrantan. Hay dos tipos de consecuencias: naturales y lógicas. Las consecuencias naturales son aquellas que se producen sin que los padres tengan que hacer casi nada. Por ejemplo, si un niño se niega a comer lo que se ha preparado para la cena, entonces naturalmente le dará hambre (consecuencia natural). Los padres pueden permitir esta apetencia porque saben que tarde o temprano el pequeño pedirá comida. Pueden recordarle al niño que tiene hambre porque no cenó e informarle que desayunará por la mañana. Si creen que esto es cruel, entonces pueden darle un refrigerio y decirle que la próxima vez que no cene, el refrigerio será más pequeño. Perderse una comida no perjudicará al niño, pero le enseñará que la cena es la hora de comer en la casa. Los padres no tienen que engatusar, dominar, avergonzar o rechazar al hijo por no comer; simplemente pueden permitirle que se niegue a comer, reconociendo la decisión del niño, y luego esperar el momento o los momentos de enseñanza que seguirán.

En otros casos, las consecuencias lógicas pueden ser la mejor opción. La consecuencia tiene una relación lógica con la norma incumplida. Por ejemplo, un niño podría ser descuidado con su aparato electrónico u otro juguete. La norma es que debe volver a ponerlo "en su lugar" cuando termine de jugar. Si no, el niño pierde el privilegio de jugar con este juguete al día siguiente. Si quebranta la regla, la pérdida del privilegio puede ser suficientemente frustrante como para que el pequeño aprenda a tener cuidado de sus posesiones.

Recomiendo encarecidamente que se determinen las consecuencias al fijar la norma, y que se informe al niño tanto la norma como las consecuencias de romperla. Por ejemplo, la norma es que no hacemos rebotar una pelota dentro de la casa. Si el niño lo hace, la consecuencia es que la pelota va a parar al baúl del auto durante dos días, y si rompe algo tendrá que pagarlo con la mesada. La norma es clara, y las consecuencias son claras. Todos tienen esta información. Ahora, si el niño quebranta la norma, papá y mamá saben qué hacer, y el niño sabe qué esperar. Los padres tienen menos posibilidad de reaccionar exageradamente gritando al niño y son más propensos a administrar de modo amable las consecuencias. Esto nos lleva a la tercera característica de los límites razonables.

Administrar las consecuencias con amabilidad, pero con firmeza

Aquí la palabra clave es "regularidad". Si un día aplicamos la disciplina y al siguiente hacemos caso omiso a la ofensa, el niño se confunde. Se pregunta: "¿Es esta una norma o no? ¿Hay consecuencias o no?". Como padres no debemos permitir que nuestro estado emocional determine cómo y cuándo disciplinar al hijo. Por eso, es tan importante fijar las consecuencias lógicas antes que ocurra la infracción. No tenemos que pensar: "¿Qué debemos hacer ahora?". Ya sabemos lo que debemos hacer; es solo cuestión de llevarlo a cabo con amabilidad y firmeza.

En nuestro libro *Los 5 lenguajes del amor de los niños*,[2] el doctor Ross Campbell y yo animamos a los matrimonios a "envolver" en amor la disciplina para los chicos. Es decir, cuando estamos listos para administrar las consecuencias, expresamos el principal lenguaje del amor del niño antes y después de la disciplina. Por ejemplo, si este lenguaje principal son palabras de afirmación, y el niño incumple la norma acerca de no jugar con una pelota dentro de la casa, podríamos decir: "Marcos, quiero que sepas cuán orgulloso me siento de ti. Casi nunca incumples las normas, y eso es bueno. Sin embargo, sabes que incumpliste la regla de no jugar

> Si un día aplicamos la disciplina y al siguiente hacemos caso omiso a la ofensa, el niño se confunde.

2. Gary Chapman y Ross Campbell, *Los 5 lenguajes del amor de los niños* (Miami: Unilit, 2013).

con una pelota dentro de la casa, por tanto, sabes lo que ha sucedido, ¿verdad?". Es probable que Marcos diga: "Sí, lo siento mucho. Lo olvidé". Entonces diríamos: "Puedo entender eso, pero la pelota debe ir a parar al baúl del auto durante dos días. Me alegra que no se haya roto nada. Estoy muy orgulloso de ti. La mayor parte del tiempo cumples las normas. Te amo mucho". Marcos nos pasará la pelota sintiéndose triste pero amado, y ha aprendido que incumplir las reglas siempre tiene consecuencias.

No puedo exagerar el valor de establecer límites claros para nuestros hijos, no solo por la seguridad de ellos, sino para que desarrollen habilidades de autoestima, carácter y toma de decisiones. Con poca o ninguna resistencia, demasiados padres permiten que sus hijos derrumben los límites impuestos. A menudo, los papás y las mamás están tan cansados de la rutina diaria que, cuando el niño sobrepasa un límite, razonan: "No vale la pena la molestia", por lo que se rinden y el niño hace lo que quiere.

Cada vez que un límite se debilita, el niño se siente menos seguro; entonces presiona subconscientemente esperando que el muro sea firme. Cuando el muro cae, el mundo del niño es más confuso. Un jovencito de quince años dijo en mi consulta: "¿Hay alguien que defienda algo? Todo el mundo parece aceptar cualquier cosa, según la situación que se presente. Me gustaría que los adultos nos dieran más orientación. ¿No han aprendido algo durante sus vidas que nos ayude a evitar algunas equivocaciones?". Este joven comprendía la importancia de los límites, aunque no así sus padres.

Espero que este capítulo les ayude a establecer límites saludables para su hijo. Pocas cosas son más importantes en su papel de padres.

A propósito

1. Si están esperando que su hijo nazca, es hora de comprar el asiento del auto que necesitarán para sacar al bebé del hospital. O seleccionen el asiento que les gustaría tener y den la información a alguien que quisiera darles un regalo agradable y necesario.

2. Hagan juntos una lista de las normas que recuerden de su infancia y analicen cuáles planifican aplicar en su hijo.

3. ¿Existen otras normas que según ustedes serían importantes en la crianza de su pequeño?

4. Analicen juntos cuáles podrían ser las consecuencias lógicas si su hijo incumple cada una de estas reglas.

5. Cuando ustedes eran pequeños, ¿les analizaron sus padres las consecuencias de incumplir las normas? Si no es así, ¿cómo recuerdan la respuesta de sus padres cuando ustedes rompían una norma?

6. ¿Sintieron alguna vez que sus padres estaban siendo injustos en su disciplina? Si es así, ¿qué sintieron que era injusto?

7. Miren alrededor de su casa o apartamento y pregúntense: "¿Qué debemos hacer para evitar que nuestro niño se lastime?".

8. Como adultos, ¿se ven como cumplidores o incumplidores de normas? ¿Cómo creen que influirá en su hijo la forma en que incumplen las reglas?

Me hubiera gustado saber que...

La SALUD EMOCIONAL
de los hijos es tan importante
como la SALUD FÍSICA

Nuestros dos hijos nacieron antes que me convirtiera en consejero. Yo había estudiado antropología, sociología, griego, hebreo y teología, pero sabía muy poco acerca de las emociones. Por supuesto, sabía que a veces me sentía amado, triste, feliz, hambriento, frustrado y desalentado, pero atribuía eso al comportamiento de mi esposa. Cuando ella era amable y amorosa conmigo, la vida era hermosa. Cuando me trataba con dureza, me sentía rechazado y herido, y exhibía un montón más de emociones negativas. No tenía ni idea de cómo manejar esas emociones, así que tuvimos algunos años difíciles antes de aprender a escucharnos, afirmarnos y buscar soluciones en lugar de discutir.

Sin embargo, esa era la vida de dos adultos que tratan de "hacer bien las cosas". La idea de los hijos y sus necesidades emocionales ni siquiera estaba en mi radar. Años después estudié desarrollo infantil, y se me abrió todo un mundo nuevo de percepción. Llegué a entender mejor mi propia infancia. Me di cuenta de que yo jugaba un papel importante en el desarrollo emocional de nuestros hijos. Por eso, en este capítulo, quiero comunicar algunas de las cosas que hubiera querido saber acerca de la salud emocional de los chiquillos.

> La salud emocional y la salud física son los dos rieles sobre los cuales debe funcionar el tren de la crianza.

Los padres se preocupan de modo natural por la salud física de sus hijos. Por eso, hacen visitas pediátricas regulares. Llaman a la enfermera si el niño parece tener algunas reacciones físicas que no comprenden. Si el niño no despierta durante la noche, ellos revisarán la cuna para asegurarse de que respire. Todo esto surge de la preocupación de los padres por el bienestar físico de su hijo. Tal preocupación es prudente, natural y necesaria. Mantener al hijo vivo es saludable y un prerrequisito para todo lo demás.

Sin embargo, suponiendo que el pequeño está vivo y sano, nuestra mayor preocupación debe ser su salud emocional. La salud emocional y la salud física son los dos rieles sobre los cuales debe funcionar el tren de la crianza. Una y otra son necesarias para criar un hijo responsable y con salud. Algunos padres dan poca importancia a las necesidades emocionales del chiquillo. Tienen la actitud de "lo amo y estoy haciendo todo lo posible por mantenerlo sano y en crecimiento. De ahí que espero que me salga bueno". No obstante, esperar y confiar no basta; los padres deben ser proactivos en asegurar la salud emocional del hijo. Por tanto, ¿cuáles son las necesidades emocionales de un pequeño?

En caso de que hayamos tomado un curso de psicología básico, tal vez conozcamos la teoría del apego de John Bowlby,[1] y las etapas psicológicas del desarrollo, de Erik Erikson.[2] Cuando Shannon y yo estábamos analizando este capítulo, ella me recordó estos estudios

---

1. John Bowlby, *Una base segura: Aplicaciones clínicas de una teoría del apego* (Buenos Aires: Paidós, 1989).
2. Erik H. Erikson, *Infancia y sociedad* (Buenos Aires: Paidós, 1966).

importantes. Dichos modelos psicológicos muy conocidos proporcionan una buena perspectiva para los padres que quieren dar pasos proactivos en nutrir la salud emocional de sus hijos. Por eso, a continuación esbozo brevemente cada uno de ellos.

La importancia del apego

El apego es un vínculo emocional de confianza entre personas que se preocupan profundamente entre sí. (Espero que tu cónyuge y tú gocen de este tipo de vínculo emocional). Lo que ahora sabemos es que los niños tendrán dificultad para desarrollar tal vínculo emocional en la edad adulta, si no lo desarrollan con sus padres o con otras personas que los cuidan. Según Bowlby, los padres mejoran el apego al estar disponibles y ser responsables de las necesidades físicas y emocionales de sus bebés. A su vez, los bebés aprenden a confiar en la presencia, el consuelo y el cuidado de sus padres. Luego desarrollan una sensación de seguridad debido al vínculo emocional que existe entre ellos. Los primeros teóricos del apego creían que proporcionar comida al bebé era la única clave para desarrollar este apego. Sin embargo, con el tiempo los teóricos del apego descubrieron que el cuidado emocional de sus hijos, mediante aspectos tales como acariciarlos, hablarles, cantarles o crearles un ambiente seguro y positivo, era lo que más influía en el apego exitoso del niño con sus padres.

Con este tipo de crianza, el pequeño desarrolla una sensación saludable de seguridad que le permite explorar confiadamente el mundo que lo rodea. También su vínculo inicial con sus padres le permite vincularse con otras personas a medida que crecen. Por tanto, la cercanía emocional y relacional de los padres, y el cuidado que den al hijo durante sus primeras etapas, sirven de modelo que dirigirá tanto la confianza como los vínculos emocionales en las relaciones que tendrá con el tiempo. Esta es una revelación muy importante para los padres, y por eso deben pasar la mayor cantidad posible de tiempo con su pequeño en un ambiente de amor, bondad y apoyo.

Etapas del desarrollo emocional

Erik Erikson, contemporáneo de Bowlby, vio tanta importancia en este vínculo que enumeró "confianza frente a desconfianza" como la primera etapa de su modelo psicosocial de ocho etapas. Indicó que esta primera etapa ocurre entre el nacimiento y el año y medio de edad. Durante este tiempo, el bebé experimenta varios tipos de inseguridad, que se alivian mediante el cuidado cariñoso y confiable de sus padres. Como resultado de la calidez constante y emocional, el temor del bebé se reemplaza con la esperanza de que sus necesidades sean satisfechas. Esta sensación de esperanza, se suma a un sano sentido de seguridad que influirá en todos los demás aspectos de la vida del niño.

"Independencia frente a vergüenza", la segunda etapa del modelo psicosocial de Erikson, marca el período de edades comprendidas entre el año y medio y los tres años de edad. En estas edades, los niños se vuelven cada vez más curiosos acerca del mundo que los rodea e igualmente más capaces de explorarlo. Los padres que animan y permiten la exploración segura preparan a sus hijos para que experimenten libertad apropiada según la edad, lo cual produce en el niño sentimientos de confianza en sí mismo y autoestima. Creer que puede triunfar en la vida y que es una persona digna influirá de modo positivo en toda su vida. De igual manera, si no se le permite independencia y la posibilidad de aprender de los fracasos, el niño puede llegar a sentir dudas y vergüenza, y generalmente creerá que no puede triunfar en la vida. Los padres sensatos estimulan y permiten la independencia saludable y adecuada en su hijo según la edad que esté pasando. Al hacerlo lo ayudan a ganar una sana sensación de autonomía.

"Iniciativa frente a culpa", tercera etapa de Erikson, ocurre entre las edades de tres y cinco años. Durante esta etapa, el niño está más interesado en involucrar a otros niños en el juego. También es más curioso. Quiere tomar algunas decisiones por sí mismo. Así, a esta edad el niño toma la iniciativa. Si los padres lo animan apropiadamente, él experimentará una creciente sensación de autoestima y propósito. Si los padres no lo estimulan de modo apropiado, si lo estimulan innecesariamente o si le impiden que tome iniciativa razonable, el niño sentirá que sus acciones son indignas o erradas. Puede experimentar culpa creciente por el desaliento o las críticas de sus padres. Desde luego, al igual que los adultos, el niño se equivoca de vez en cuando, pero esto ofrece a los padres una oportunidad de reconocer cualquier intención correcta en el niño y de enseñarle maneras adecuadas de tomar la iniciativa. Una forma de estimular la iniciativa es dar al niño una opción entre dos decisiones igualmente positivas. Los padres pueden decir: "¿Te gustaría guardar tu triciclo dentro de casa antes o después de la cena?". De cualquier manera, el niño llega a mostrar iniciativa; además, aprende a tomar decisiones tomándolas.

La cuarta etapa del desarrollo psicosocial se da entre los cinco y los doce años de edad, y es "competencia frente a inferioridad". Basado en la iniciativa que esperemos que haya logrado en la etapa anterior, el niño crece ahora rápidamente en conocimiento, capacidad y deseo de triunfar en lo que emprende. Quiere sentirse competente y aceptado por su grupo de compañeros. Además, durante esta etapa el niño quiere ganarse la aprobación de sus padres, maestros y entrenadores.

Los padres, compañeros, maestros y entrenadores pueden ayudar al niño a desarrollar todo su potencial. Al apoyarlo y animarlo, cultiva un sentido de competencia y creencia en sí mismo de que puede alcanzar objetivos y excelencia. Si no se le apoya y anima, o si se le critica innecesariamente o se le impide alcanzar metas razonables, el niño puede desarrollar una sensación de inferioridad o baja autoestima.

Al afirmar a tu hijo, concéntrate en el esfuerzo, no en la perfección. Si un niño de cinco años tiende su propia cama, podrías decirle:

"Veo que te has esforzado en esto. Aprecio de veras tu esfuerzo". Más tarde ese día, podrías decir: "Quiero mostrarte algo cuando tiendas tu cama por la mañana". Entonces le das un consejo. Lo más probable es que acepte el consejo porque se sintió animado. Si un niño de diez años corta el pasto, no le digas: "No lo cortaste debajo de los arbustos. ¿No ves este pasto debajo de los arbustos?". Más bien, afírmalo por el pasto que cortó. "Gracias por tu gran trabajo en el patio. Aprecio de veras lo que hiciste". El próximo sábado, antes de que él vuelva a cortar el pasto, explícale cómo alcanzarlo debajo de los arbustos. "Mira este pasto debajo de los arbustos. Es difícil cortarlo. Tienes que mover la segadora hacia adentro y afuera, pero sé que puedes hacerlo". Apuesto a que el chico lo hará. Afirmarlo le ayuda a desarrollar confianza.

No trataré las demás etapas que Erikson analiza porque están más allá del ámbito de este libro, pero espero que estés comenzando a ver la importancia de ayudar a tu hijo a desarrollar salud emocional y física. En resumen, cuatro aspectos en que un niño debe desarrollar salud emocional son:

- apego, no rechazo
- independencia, no vergüenza
- iniciativa, no culpa
- confianza, no inferioridad

No estoy sugiriendo que las necesidades físicas no sean importantes. ¡Lo son! Sin comida, abrigo, aire, agua, calor y sueño, el niño no sobreviviría; además, su seguridad es importante. En el capítulo anterior, analizamos la importancia de los límites. Sin embargo, a medida que satisfacemos estas necesidades, no debemos descuidar el desarrollo emocional del niño, en el cual los padres son los que tienen el mayor grado de influencia.

Cuando los padres aman y cuidan a su hijo, este a su vez es más propenso a amar y cuidar de sí mismo y de otros. Los padres normales y sanos pueden saber de modo instintivo que esto es verdad, y también pueden instintivamente querer amar y cuidar a su hijo cuando es bebé. Sin embargo, a medida que el niño sale de la etapa infantil, se vuelve más independiente y muestra más individualidad, los padres podrían hacer menos esfuerzos intencionales por expresar amor y establecer relación con él. Esto ocurre cuando están ocupados en otras responsabilidades porque les es fácil dar por sentado que el chico está bien mientras lo ven sano físicamente. Sin embargo, él puede estar físicamente fuerte y emocionalmente discapacitado. Todos conocemos adultos que viven con sentimientos de inferioridad, enojo, culpa, vergüenza y soledad. Son físicamente sanos, pero emocionalmente discapacitados. Es muy probable que esta falta de salud emocional les haya dificultado el éxito relacional y profesional. Como padres, esto no es lo que deseamos para nuestros hijos; por consiguiente, debemos ser proactivos en tratar de atender sus necesidades emocionales.

> Todos conocemos adultos que son físicamente sanos, pero emocionalmente discapacitados.

El tanque del amor de tu hijo

Al andar con tu hijo a través de estas etapas del desarrollo, creo que la necesidad emocional más profunda que tiene es sentirse amado por sus padres. Este es el ingrediente esencial en la formación de ese vínculo emocional entre padre e hijo; es también la base para estimular independencia, iniciativa y confianza en el niño. Me gusta imaginar dentro de cada pequeño un tanque emocional del amor, que cuando está lleno —es decir, cuando se siente amado por sus padres— permite que el niño se convierta en un adulto seguro y amoroso que puede establecer relaciones sanas y lograr sus objetivos. Cuando un niño no se siente amado por sus padres, tiende a crecer con muchas luchas emocionales internas y, en sus años de adolescencia, a menudo busca amor en lugares equivocados.

La mayoría de los padres aman a sus hijos, pero no todos los hijos se sienten amados. No basta con ser sinceros; debemos asegurarnos de que estamos emocionalmente relacionados con el chico. Hace años descubrí que básicamente hay cinco modos en que el niño recibe amor. Los llamo los cinco lenguajes del amor, de los cuales cada hijo tiene un lenguaje del amor primario. Es decir, uno que emocionalmente se expresa con mayor profundidad que los otros cuatro. Si no hablas el principal lenguaje del amor de tu hijo, él no se sentirá amado, aunque estés expresando amor en algunos de los demás lenguajes.

> **La mayoría de los padres aman a sus hijos, pero no todos los hijos se sienten amados.**

Esto explica por qué un chico de trece años se sienta en mi consultorio y expresa: "Mis padres no me aman. Aman a mi hermano, pero a mí no". Conozco a sus padres y sé que lo aman, y se sorprenderían si oyeran lo que estoy escuchando. El problema es que nunca aprendieron el principal lenguaje del amor del joven. Así que revisaré brevemente estos cinco lenguajes y te diré cómo puedes descubrir el que prima en tu hijo.

Palabras de afirmación

Un antiguo proverbio hebreo dice: "La muerte y la vida están en poder de la lengua". Esto es cierto en cómo le hablas a tu hijo. Dureza y palabras críticas matan la confianza del niño y le crean temor e ira. Las palabras positivas de aliento inculcan valor y seguridad. "Me gusta tu hermoso cabello rojo. Los músculos de tus brazos están fortaleciéndose. Aprecio de veras que me ayudes a lavar los platos. Gracias por la manera en que compartiste tus juguetes con Tomasito", son todas palabras de afirmación.

En el bebé, es el tono de la voz y no las palabras en sí lo que influye de forma positiva en su salud emocional. Con una voz cálida y divertida, puedes expresar: "Eres el bebé más tierno del mundo. Sí, lo eres".

O declarar: "Eres el bebé más malo del mundo. Sí, lo eres". El bebé no entenderá las palabras, pero se afirmará por el tono de la voz. No obstante, en algunos meses las palabras mismas, junto con el tono de la voz, se volverán muy importantes.

Tiempo de calidad

Tiempo de calidad es dar a tu hijo tu atención total. Puedes estar jugando con tu hijo, trabajando en un proyecto con él o conversando con él. Lo importante es que tu atención esté centrada en el niño. Enviar un mensaje de texto mientras hablas con tu hijo no es tiempo de calidad, a menos que estés enseñándole a enviar un mensaje de texto.

Regalos

En mis estudios de antropología, descubrí que dar regalos es un lenguaje universal del amor. El regalo comunica: "Estaba pensando en ti. Pensé que te gustaría esto. Te amo". El obsequio no tiene que ser costoso. En realidad, "la intención es lo que cuenta". Me gusta recordar a los padres que un regalo no debe estar unido a exigencias o expectativas. Cuando dices: "Te daré este caramelo si limpias tu habitación", el caramelo ya no es un regalo, sino el pago por servicios prestados. No estoy diciendo que no deberías pagar a tu hijo por trabajar. Simplemente, estoy diciendo que tal pago no es un regalo. La palabra *regalo* viene del griego *grace*, que significa "favor inmerecido".

Como padres somos dadores responsables de regalos. No damos a nuestro hijo algo que creemos que podría perjudicarlo. No, no tenemos que darle un teléfono porque "todos tienen uno". Como padres debemos usar buen juicio en lo que damos a nuestro pequeño. Cuando cedemos ante los berrinches de un niño y le damos lo que exige, somos nosotros los manipulados.

Actos de servicio

"Una acción vale más que mil palabras". Tienes que haber oído ese antiguo adagio, que es muy cierto para el niño. Desde su nacimiento, y durante varios meses a partir de entonces, estás obligado a hablar este lenguaje a tu hijo. Un bebé es indefenso. Debes ponerle la comida y quitarle la comida, ya que no puede cuidar de sí mismo. Cuando crece, este lenguaje se manifiesta remendando vestidos de muñecas, arreglando triciclos, inflando balones de fútbol, etc. Cuando crece aún más, le hablas este lenguaje enseñándole a hacer cosas por sí mismo. Requiere mucho más esfuerzo enseñar a un niño a cocinar, que cocinar para él, pero esta destreza resaltará en gran manera su futuro.

Contacto físico

Hace tiempo conocemos el poder emocional del contacto físico. Por eso, levantamos, abrazamos y le decimos tonterías al bebé. Mucho antes de que comprenda el significado de la palabra "amor", él se siente amado mediante el tierno contacto físico. Toda investigación concuerda en que el bebé que recibe abrazos, caricias y besos desarrolla una vida emocional más sana que el que durante mucho tiempo no recibe contacto físico.

Cuando el bebé se convierte en niño pequeño y llega a la edad escolar, la necesidad de contacto físico no disminuye. Todos los niños necesitan contacto de afirmación, pero para algunos esta es la voz más potente del amor. Sin contacto de afirmación, su salud emocional se verá negativamente afectada.

> Todos los niños necesitan contacto de afirmación, pero para algunos esta es la voz más potente del amor.

Como ya se ha señalado, de estos cinco lenguajes del amor, cada niño tiene uno principal, el cual se expresará más emocionalmente que los otros cuatro. Si un niño no recibe fuertes dosis de su lenguaje principal, no se sentirá amado, aunque el padre hable uno de los otros cuatro lenguajes.

Cómo descubrir el lenguaje del amor de tu hijo

Por tanto, ¿cómo puedes descubrir el principal lenguaje del amor de tu hijo?

Observa su comportamiento

Observa cómo el niño se involucra constantemente con sus padres y con otras personas. Si siempre quiere ayudar a hacer cosas, es probable que su lenguaje sean actos de servicio. Si a menudo regala cosas tanto a ti como a otros, entonces los regalos pueden ser su lenguaje. El lenguaje de mi hijo es el contacto físico. Lo descubrí a sus tres o cuatro años de edad. Cuando yo llegaba a casa por la tarde, él corría a la puerta, me agarraba de la pierna y quería que lo levantara. Si me sentaba, él se ponía sobre mí. Me tocaba porque quería recibir contacto físico.

Mi hija nunca hizo eso. Solía decirme: "Papito, ven a mi cuarto, quiero mostrarte algo". Ella quería mi atención total, tiempo de calidad. Si tu hijo dice a menudo: "Gracias, mami" o "Hiciste un buen trabajo, papi", entonces puedes suponer que palabras de afirmación son su lenguaje del amor.

¿De qué se queja el chico?

Un niño de cuatro años le dice a su madre: "Nunca vamos al parque desde que nació el bebé". Está quejándose de la calidad de tiempo que recibe. Otro niño declara a su madre: "A papá no le importa que mi bicicleta esté dañada". Su queja la motivan los actos de servicio. La queja suele revelar el principal lenguaje del amor.

¿Qué solicita el niño con mayor frecuencia?

El niño que pide que jueguen con él o le lean historias está pidiendo tiempo de calidad. El que pide que le rasquen la espalda está solicitando contacto físico. Si tu hijo solicita constantemente comentarios sobre lo que está haciendo, entonces su lenguaje del amor puede ser palabras de afirmación. Preguntas como: "Mamá, ¿qué piensas del artículo que escribí?", "¿Me queda bien este traje?" o "Papá, ¿cómo jugué?" son peticiones de palabras de afirmación.

Si observas estos tres aspectos: cómo el niño ama a otros, de qué se queja y cuáles son sus peticiones, es probable que puedas descubrir el principal lenguaje del amor de tu hijo.

Escucha, por favor, no estoy sugiriendo que solo debes expresar el principal lenguaje del amor de tu hijo. Lo que sugiero es que con regularidad le expreses el lenguaje principal, pero también ten en cuenta los otros cuatro. Queremos que nuestros hijos aprendan a dar y recibir amor en todos los cinco lenguajes. Esto produce salud emocional y también prepara al niño para relaciones adultas saludables.

Es probable que como padres ustedes no hayan aprendido a dar y recibir amor en algunos de estos lenguajes. Por tanto, si en la infancia no recibieron palabras de afirmación, puede resultarles difícil expresar tales palabras a sus hijos. La buena noticia es que todos estos lenguajes pueden aprenderse de adultos. No permitan que su infancia les impida satisfacer las necesidades emocionales de sus hijos. (Para ayuda adicional, revisen *Los 5 lenguajes del amor de los niños*, que escribí con el psiquiatra Ross Campbell[3]).

Para aquellos padres que fueron gravemente maltratados o traumatizados de niños, y que, en consecuencia, se sienten emocionalmente enfermos o carentes de confianza en criar hijos, con insistencia les recomiendo consejería. El dolor, la ira, el temor, la depresión y otras emociones no desaparecen con el paso del tiempo. También recomiendo encontrar iglesias u otras organizaciones en tu comunidad que ofrezcan grupos de apoyo. Al extenderte en buscar ayuda, puedes comenzar el viaje de llegar a disfrutar salud emocional. Tu hijo merece tus mejores esfuerzos.

En algunos casos, padres e hijos tienen en común el mismo lenguaje

---

3. Chapman y Campbell, *Los 5 lenguajes del amor de los niños*.

del amor, y en realidad lo único que los padres deben recordar es hablar su propio lenguaje del amor al niño. Otros padres que no tienen el mismo lenguaje del amor que sus hijos, tendrán que ser más intencionales en aprender a hablar el de estos. Al igual que aprender un verdadero lenguaje hablado, aprender un nuevo lenguaje del amor requerirá esfuerzo. Sin embargo, con el tiempo esto se volverá más fácil y será más natural para ustedes. La recompensa está en ver a su hijo florecer emocionalmente. Les aseguro que el premio vale el esfuerzo.

Quisiera haber sabido lo que he comunicado en este capítulo antes de tener hijos. Espero que estos conceptos los ayuden a criar un niño emocionalmente sano.

A propósito

1. ¿Sentiste en tu niñez que el vínculo emocional entre tu madre y tú era profundo y perdurable? ¿Y qué del vínculo emocional con tu padre? ¿Cómo crees que esto ha afectado tu adultez?

2. ¿Cómo crees que serás diferente de tus padres al vincularte con tu hijo?

3. En una escala de 0 a 10, ¿cómo clasificarías tu propio nivel de confianza personal? ¿Qué crees que contribuyó a esto?

4. En una escala de 0 a 10, ¿cuánta culpa, vergüenza y sentimientos de inferioridad experimentaste durante tus años de adolescencia? ¿Qué crees que contribuyó a esto?

5. En una escala de 0 a 10, ¿cuánto amor sentiste de tu padre y tu madre durante tu crianza? ¿Por qué?

6. ¿Cuánto amor sientes de tu cónyuge? ¿Estás hablando el lenguaje del amor de tu cónyuge?

7. En los tres primeros años de tu hijo, no conocerás su principal lenguaje del amor. Así que háblale los cinco lenguajes. Hacia los tres años de edad, puedes observar su conducta y, probablemente, descubrir su lenguaje principal del amor. Dale dosis fuertes de este lenguaje principal y rocíale de los otros cuatro, y tu hijo crecerá sintiéndose amado. Pocas cosas son más importantes para la salud emocional de tu hijo.

Me hubiera gustado saber que...

Nuestros hijos son
GRANDEMENTE INFLUENCIADOS
por nuestro ejemplo

La pregunta más seria que alguna vez me he hecho es: *¿Y si mis hijos llegaran a ser como yo?* No pregunté eso antes que nacieran, ni cuando eran bebés o niños pequeños. La hice unos años después, cuando comencé a ver en ellos ciertos rasgos que veía en mí mismo, unos positivos y otros no tanto. Lo solemne de esa pregunta me ayudó a tomar muchas decisiones.

La dura realidad es que hay muchas posibilidades de que tus hijos resulten como tú. Sabemos que la mayor influencia en los niños es el modelo de sus padres. Sin duda, queremos enseñar verbalmente a nuestros hijos a ser amables, corteses, pacientes, perdonadores, humildes, generosos y honestos. Queremos exponerlos a libros que enseñen tales verdades. Sin embargo, nuestro ejemplo es mucho más importante que nuestras palabras. Los niños están influenciados mucho más por lo que hacemos que por lo que decimos.

Cuanto más coincida nuestro comportamiento con lo que enseñamos de manera verbal, más respeto nos tendrán nuestros hijos.

Mientras más grande sea la brecha entre lo que enseñamos y lo que practicamos, menos respeto nos tendrán. Eso no significa que debamos ser perfectos, pero sí que debemos disculparnos por nuestras fallas y pedir perdón. (Más al respecto en el capítulo 8).

La dura realidad es que hay muchas posibilidades de que tus hijos resulten como tú.

El antiguo adagio "Haz lo que digo, no lo que hago" podría hacernos sentir que tenemos el mando, pero no desarrollará carácter en nuestros hijos. Lo que hacemos habla tan fuerte que ellos no pueden oír lo que decimos. No obstante, cuando nuestras acciones reflejan lo que enseñamos, nuestras palabras iluminan el entendimiento del niño acerca de lo que estamos diciendo.

Así que te invito a ser valiente y hacerte las siguientes preguntas. ¿Y si, cuando mi hijo crece...

... maneja la ira del modo en que yo la manejo?

... trata a su cónyuge como yo trato al mío?

... maneja un auto como manejo el mío?

... tiene mi misma ética laboral?

... habla a los demás del modo que yo hablo con otros?

... maneja conflictos como manejo los míos?

... responde al alcohol y las drogas como yo lo hago?

... tiene la misma calidad de relación con Dios que yo tengo?

... maneja su dinero como manejo el mío?

... trata a sus parientes políticos del modo en que trato a los míos?

... trata a sus hijos como yo trato a los míos?

Tal vez quieras añadir algunas preguntas más.

Bien, he comenzado este capítulo con una nota realmente sombría, pero tuve que hacerlo porque espero que te hagas este tipo de preguntas mucho antes de lo que yo me las hice; es más, ahora es el mejor momento de hacerlas y responderlas. Si debes realizar cambios en tus propias actitudes y opciones de estilo de vida, ¿por qué no empezar a hacerlos antes que el bebé nazca o antes que crezca lo suficiente para que tus rasgos negativos se reflejen en su comportamiento?

Recuerdos de tu infancia

Tal vez un lugar más fácil para comenzar es examinar la propia experiencia de tu infancia. La mayoría de nosotros tenemos algunos recuerdos infantiles felices y otros no tan felices. Siempre es más fácil empezar con recuerdos positivos. Uno de los míos es trabajar con mi padre en nuestro huerto de verduras. Él me enseñó a plantar maíz, quimbombó, calabaza, tomates, nabos y pimientos. Aún puedo visualizar todas esas plantas creciendo en nuestro huerto. Al mirar hacia atrás, me doy cuenta de que gran parte de mi ética laboral la aprendí de mi padre.

Shannon me contó uno de sus recuerdos infantiles positivos: "Mi madre tocaba el órgano en nuestra iglesia y, de vez en cuando, practicaba en casa. Cantábamos tanto en la iglesia como en casa. Recuerdo con cariño cómo mamá y yo escuchábamos y cantábamos la música de la radio del auto. Crecí en las décadas de los setenta y ochenta, y aún hoy día me encantan las canciones de esa época. Pero de niña entonaba las canciones de los cincuenta y sesenta como si estuvieran en las listas de éxitos, porque era lo que una y otra vez se oía en la radio del auto de mamá. Aún hoy me descubro cantando al azar clásicos como 'Lo más probable es' (Johnny Mathis) y 'Señor Arenero' (The Chordettes). Mi madre regularmente me cantaba la maravillosa y antigua melodía familiar: 'Eres mi sol, mi único sol'. También conozco cada estrofa de esa canción de Jimmie Davis, y se la canto completa a mis hijos. A los dos años de edad, Presley comenzó a cantar junto a mí. Sí, puedo ver a mi madre cantando para mí cuando les canto a mis hijos".

Muchos adultos tienen recuerdos muy atesorados de la infancia sobre el modo en que se vinculaban con sus padres en aspectos como música, deportes, campamento, lectura, jardinería y cocina.

Nos enamoramos de muchas de las cosas que a nuestros padres les gustaban. Ponemos atención y ganamos un aprecio compartido por gran parte de lo que ellos valoraban. Como Rodney Atkins canta, "Quiero hacer todo lo que haces, porque he estado observándote".[1] Esta canción, "Observándote", ilustra de manera juguetona cómo los niños quieren parecerse a sus padres y, de hecho, a menudo hacen y dicen cosas que sus padres hacen y dicen.

Por supuesto, muchos adultos también tienen recuerdos dolorosos de la infancia. Padres que peleaban entre sí frente a los niños o detrás de puertas cerradas; palabras que aún resuenan en los oídos de sus hijos adultos. Otros todavía pueden visualizar el rostro de un padre alcohólico que los maldecía y les lanzaba palabras que les quedaron grabadas en la memoria. Algunos recuerdos son agradables, pero la mayor parte de su infancia estuvo repleta de miedo, sufrimiento, ira e inseguridad. Sin embargo, como adultos, hasta los recuerdos negativos pueden ser instructivos. Ahora sabemos qué es lo que no debemos hacer si queremos ser padres responsables.

Sugiero que hagas una lista de todas las características positivas que viste en tu padre y tu madre, y pregúntate: ¿Cuántas de ellas veo reflejadas en mí? Después haz una lista de las características negativas que observaste en tus padres y pregúntate: ¿Cuántas de ellas veo reflejadas en mí? Este ejercicio te ayudará a ver cuán fuerte influyó en ti el modelo de tus padres.

Podemos estar agradecidos por la influencia positiva de nuestros padres y podemos comenzar a centrarnos en cambiar esas características negativas que vemos en nosotros. No elegimos a nuestros padres ni las experiencias de nuestra infancia, pero no tenemos que repetir el ejemplo negativo que nos dieron. Cuando decidimos cambiar, tenemos toda la ayuda de Dios y de algunos amigos. Dios está

1. Brian Gene White, Rodney A. Atkins y Steven A. Dean, "Watching You" (grabado por Rodney Atkins). En *If You're Going Through Hell* (CD) (Nashville: Curb Records, 2006).

en el proyecto de cambiar vidas. Miles de personas han contado su experiencia de haberle suplicado a Dios que les concediera poder para cambiar hábitos destructivos, y haber encontrado extendida la mano divina. Hay amigos que también pueden ayudarnos si estamos dispuestos a contar nuestra necesidad. En el mejor de los casos, la iglesia cristiana es un hospital, donde las personas encuentran sanidad y salud.

Cinco pasos para modelar nuestra conducta

A Shannon y a mí nos gustaría ofrecer los cinco pasos siguientes para convertirnos en el modelo que con felicidad veríamos reflejado en nuestros hijos.

Primero, pon la mano en la mano de Dios y sé *sincero en cuanto a dónde estás en tu viaje*. Sé sincero contigo, con tu cónyuge y con tus amigos más cercanos. La sinceridad es el primer paso para cambiar. Esto significa que debes estar dispuesto a reflexionar en tu vida. Haz estas preguntas difíciles. ¿Qué debo cambiar a fin de ser la clase de ejemplo que me gustaría que mi hijo siguiera?

Quizá sería más fácil empezar con tus rasgos positivos. ¿Cuáles son tus fortalezas? ¿Qué haces bien? Tal vez quieras ver la lista de preguntas al principio de este capítulo e indagar: "¿En cuál de estos análisis me va bien?", o buscar los siete rasgos de carácter ya enumerados: amabilidad, bondad, paciencia, espíritu perdonador, humildad, generosidad y honestidad. Haz la misma pregunta: "¿Cuál de estas áreas se refleja más en mí?". O, en una escala de 0 a 10, ¿cómo te calificas en cada una de estas virtudes? No he conocido un hombre o una mujer que no tuviera algunas características positivas. Si hoy sonreíste a alguien, esa es una expresión de bondad. Si no tocaste la bocina cuando la luz cambió a verde, esa es una señal de paciencia.

> En el mejor de los casos, la iglesia cristiana es un hospital, donde las personas encuentran sanidad y salud.

Concédete el crédito por las cosas buenas que ves en ti. Haz una lista de esas virtudes positivas y mírala a diario como un recordatorio de lo que quieres seguir haciendo.

A continuación mira esas mismas preguntas y rasgos de carácter, y haz una lista de lo que no estás haciendo suficientemente bien; cosas que te gustaría cambiar. Identificar "puntos para crecer" es el primer paso en ser sincero contigo mismo. Si eres valiente, muéstrale esta lista a tu cónyuge y hazle saber que sinceramente deseas crecer en estos aspectos.

El segundo paso es: *Inspecciona tu avance.* La inspección activa requiere que los padres se observen conscientemente. Por instinto observan a sus hijos para asegurar comportamientos saludables, seguros y deseados. Pero no con mucha frecuencia, se observan ellos mismos o, si lo hacen, pueden hacer caso omiso a la influencia o las consecuencias que ese comportamiento tiene en los chicos. Al inspeccionarse, los padres pueden ver si claramente están demostrando lo que por definición son palabras, acciones, pensamientos y sentimientos positivos y negativos alrededor de sus hijos.

Para una perspectiva adicional y quizá más objetiva, los padres pueden considerar no solo la inspección de sí mismos, sino preguntar a otras personas de confianza qué percepción tienen de ellos. Esta opinión externa puede ayudar a confirmar o confrontar el modo en que los padres se perciben. Casi siempre habrá una diferencia entre cómo nos percibimos y cómo nos perciben otras personas. No te pongas a la defensiva cuando un amigo te dice que casi todo el tiempo pareces estar enojado, que nunca sonríes. Respira hondo y agradécele por ser sincero contigo. Asegúrale que reflexionarás en lo que te está diciendo. Así como queremos que nuestros hijos aprendan y crezcan en la vida, también deberíamos querer aprender y crecer. Nuestra disposición a aprender y crecer puede motivar a nuestros hijos a hacer lo mismo.

Inspeccionarnos activamente también requiere que los padres

observemos a nuestros hijos. De modo específico, debemos observar cómo reaccionan a diversos tipos de intercambios o sucesos diarios. ¿Qué dicen nuestros pequeños? ¿Qué hacen? Si observamos y escuchamos sus reacciones, tal vez nos sorprenda descubrir que hacen y dicen lo que nosotros hacemos y decimos.

Puede ser maravilloso que un niño diga: "Me gusta nuestra nueva casa", porque ha oído expresar eso a sus padres. Podría ser encantador que un chiquillo le diga a su hermanita bebé: "Buenos días, preciosa" porque se lo ha oído decir a sus padres. Pero las palabras y conductas de los niños tal vez no sean tan encantadoras cuando gritan o agreden a sus padres o a otros muchachos, porque han oído o visto a sus padres hacer lo mismo. También puede ser frustrante para los padres que, al no haber establecido y reforzado límites saludables de forma constante y positiva, sus hijos no los estén cumpliendo. Esto no quiere decir que todos los pensamientos, sentimientos, palabras y comportamientos tengan la influencia directa y única del ejemplo de los padres. Muchos más factores ambientales y otras personas también influyen en los niños. Sin embargo, si observan activamente los comportamientos de sus hijos, es muy probable que los padres vean la influencia de su propia conducta en ellos.

El tercer paso es: *Aprovechar al máximo los "momentos de enseñanza"*. Por momentos de enseñanza me refiero a esos instantes en el flujo normal de la vida en que un niño está dispuesto a aprender. Los niños aprenden mejor por experiencia concreta que por conceptos abstractos. Podemos sentarnos en el sofá y enseñarle a un hijo a mirar en ambos sentidos antes de cruzar la calle, pero es más probable que esa lección la asimile mejor cuando nos paremos en la esquina de la calle y le digamos: "Miremos en ambos sentidos y asegurémonos de que sea seguro cruzar la calle". Ese es un "momento de enseñanza".

Podemos enseñar a nuestro pequeño que cuando nos enojamos contamos hasta veinticinco antes de decir o hacer algo. Esa es una técnica encomiable de manejo de la ira. Pero no es probable que el hijo haga eso, a menos que nos *oiga* contar hasta veinticinco, y luego explicar por qué nos sentimos enojados y cuán felices estamos de haber tomado tiempo para calmarnos antes de hablar. Cuando es el niño quien se enoja, podemos comenzar a contar con él y felicitarlo mientras cuenta.

Los momentos de enseñanza pueden venir en nuestros fracasos y éxitos como padres. En nuestros éxitos, le explicamos al hijo por qué hicimos lo que hicimos. En nuestros fracasos, le hacemos saber que lo que hicimos no fue bueno y que estamos tratando de aprender a no volver a hacerlo. Los momentos de enseñanza también vienen en aquellos tiempos en que nuestros hijos son obedientes y desobedientes. En momentos de obediencia, los elogiamos y les agradecemos por tener la suficiente madurez para seguir la regla. En tiempos de desobediencia, explicamos por qué lo que hicieron estuvo mal, para luego hacerles sufrir las consecuencias naturales o lógicas analizadas en el capítulo 5.

Shannon me contó que, cuando está en el auto con Avery, a veces le habla respecto a la conducción segura. Él está a varios años de conducir, pero este es un momento de enseñanza. Ella le habla de cosas, tales como paciencia en los semáforos y de no girar a la izquierda cuando hay un letrero que prohíbe hacerlo. Por supuesto, si vamos a hablarle a un niño acerca de la conducción segura, debemos recordar que nuestro ejemplo es más importante que nuestras palabras.

La vida está llena de "momentos de enseñanza". Los padres que aspiran a ser un modelo positivo deben buscar tales momentos cuando están con sus hijos.

La cuarta sugerencia es que abordemos nuestro rol de padres con una *actitud de amor*. La vida es una serie de oportunidades y luchas; unas y otras implican numerosos beneficios y cargas. Cuando los padres aceptamos esta realidad y vemos la vida a través de los lentes del amor, podemos transmitir mejor a nuestros hijos las virtudes de compasión, bondad, paciencia y perdón, incluso al ocuparnos de asuntos difíciles de sobrellevar.

El amor es lo opuesto al egoísmo. El egoísmo ve el mundo con la pregunta: ¿Qué estoy sacando de esto? El amor ve el mundo con la pregunta: ¿Cómo puedo enriquecer las vidas de otros? El egoísmo termina destruyendo relaciones. El amor es el ingrediente esencial para las relaciones saludables. El egoísmo conduce a la manipulación: "Haré esto por ti si haces esto por mí". El amor conduce a dar: "¿Cómo puedo ayudarte?". En última instancia, el egoísmo lleva al aislamiento, y el amor, a relacionarse en comunidad. El amor levanta matrimonios fuertes. Dos personas egoístas nunca tendrán un matrimonio fuerte. Nuestro matrimonio se vuelve un modelo de amor o de egoísmo, lo cual influirá grandemente en nuestros hijos.

> Los padres también son sabios cuando se ven a través de un lente del amor para no ser demasiado críticos consigo mismos.

Amor es lo que la mayoría de los padres esperamos transmitir a nuestros hijos en tiempos buenos y malos. Sabemos que ellos están explorando y aprendiendo. Sabemos que están observando todo lo que hacemos. Queremos que crezcan sin miedo, sintiéndose seguros y amados, para que puedan amarse más plenamente y amar a los demás. Podemos ayudar a nuestros hijos a alcanzar estos objetivos abordando con actitud amorosa nuestro rol de padres.

Los padres también son sabios cuando se ven a través de un lente del amor para no ser demasiado críticos consigo mismos. Menospreciarnos continuamente a causa de fracasos pasados puede incapacitarnos para amar en la actualidad. No podemos cambiar el pasado, pero sí puede enseñarnos mucho. Podemos reconocer nuestras fallas, aceptar el perdón de Dios y de los demás, perdonarnos y movernos hacia el futuro como personas más amorosas. Cuando vivimos bajo la carga de fracasos pasados, no nos amamos y no mejoramos nuestra vida ni las vidas de nuestros hijos. Al perdonarnos extendemos más fácilmente perdón a nuestros hijos cuando ellos fallan.

Tanto Shannon como yo hemos aconsejado a muchos padres que han puesto demasiada presión sobre sí mismos en sus esfuerzos por ser padres perfectos. Tales padres son implacables en su búsqueda de la perfección. Es posible que no califiquen sus logros como "perfectos", pero se afanan en gran manera por alcanzarlos. Algunos de estos padres acuden a nosotros para pedirnos ayuda para "arreglar" a sus hijos. A menudo descubrimos que el problema no es que los chicos se porten mal o que sean malos, sino que los padres tienen expectativas poco realistas e inflexibles acerca de ellos. Los elogiamos por su deseo de ver triunfar a sus hijos, pero intentamos ayudarlos a tener objetivos más realistas. Los animamos a considerar la posibilidad de poner más energía en edificar una relación amorosa y positiva con ellos. El niño que se siente amado desarrollará más su potencial que el que se siente fastidiado por los padres.

La última sugerencia dirigida a padres que les gustaría llegar a ser modelos dignos para sus hijos es pensar en escribir una *declaración de la visión y la misión* para sí mismos como padres. Es mucho más probable que alcancemos el éxito si sabemos lo que queremos conseguir. Declarar la visión nos brinda el panorama general e inspirador al cual aspiramos. Declarar la misión ofrece los pasos prácticos de acción y los objetivos que son necesarios para ayudar a cumplir la visión.

Así pues, he aquí una muestra de declaración de la visión: "Nuestra visión como padres es que nuestros pensamientos, sentimientos, palabras y acciones serán constantemente cariñosos, positivos, alentadores, perdonadores y compasivos. Por nuestro ejemplo esperamos que nuestros hijos aprendan con el tiempo que ellos tampoco tienen que ser perfectos, pero que así como nosotros, pueden aceptar sus deficiencias y fracasos para superarlos".

Una declaración de la misión podría ser así: "Nuestra misión como padres es que nos veamos a diario a través de los lentes del amor y que enseñemos a nuestros hijos a hacer lo mismo. Nos comprometemos a inspeccionar con regularidad nuestros pensamientos, sentimientos, palabras y acciones para asegurar que constantemente sean cariñosos, positivos, alentadores, perdonadores y compasivos. Sabemos que a veces fallaremos, pero reconoceremos abiertamente nuestras deficiencias y, de modo activo, daremos pasos para mejorar. Mantendremos expectativas razonables y alcanzables para nosotros como padres y para nuestros hijos".

Estas muestras de declaración de la visión y la misión reflejan conocer y aceptar la gran influencia de los padres sobre los hijos. Prueba de tal influencia no es difícil de observar y es fácilmente identificable en las palabras y acciones en sus niños. Estos también reciben la influencia de otras fuentes. Sin embargo, son los padres, como los primeros guardianes, quienes tienen la influencia más temprana y fundamental en las vidas de sus hijos. Por eso, es importante que de manera intencional y activa tomen medidas para ser los mejores modelos parentales que puedan ser para sus pequeñines.

Una vez más, no estoy sugiriendo que como padres debamos ser modelos perfectos, sino más bien que debemos tratar de usar nuestras fortalezas y debilidades como vehículos para crecer. Todos estamos cambiando constantemente, para bien o para mal. El objetivo de los padres responsables es mejorar en los aspectos en que somos débiles y sacar el máximo partido de nuestros puntos fuertes. Mi esperanza es que las ideas en este capítulo te ayuden a convertirte en un modelo digno para tus hijos. Ojalá nos hubiéramos centrado en estas ideas antes de ser padres. Creo que habríamos hecho cambios significativos mucho antes.

A propósito

1. En una escala de 0 a 10, califícate en los siguientes siete rasgos de carácter:

Bondad

Cortesía

Paciencia

Perdón

Humildad

Generosidad

Honestidad

¿En cuál de estos te gustaría mejorar? ¿Qué medidas tomarás? Enfócate en una de estas características cada semana durante las próximas siete semanas.

2. Responde con sinceridad las siguientes preguntas con las palabras "feliz" o "triste".

Indica cómo te sentirías si tu hijo adulto:

Manejase la ira como tú la manejas.	
Tratase a su cónyuge del modo que tratas al tuyo.	
Manejase un auto como manejas el tuyo.	
Tuviese la misma ética laboral que tú tienes.	
Hablase a otras personas del modo que les hablas a los demás.	
Manejase conflictos como manejas los tuyos.	
Respondiese al alcohol y las drogas como tú lo haces.	
Tuviese la misma calidad de relación con Dios que tú tienes.	

Manejase su dinero como manejas el tuyo.	
Tratase a sus parientes políticos como tratas a los tuyos.	
Tratase a sus hijos como tratas a los tuyos.	

Si indicaste "triste", entonces habla con tu cónyuge y elaboren juntos un plan para iniciar un cambio positivo.

3. ¿Qué es lo que más te gustaría cambiar antes que tu hijo nazca? Habla con tu cónyuge, con un amigo, un pastor o un consejero, y recibe ideas sobre medidas que puedes tomar para hacer realidad ese cambio.

4. No tienes que ser perfecto a fin de ser un buen modelo para tu hijo. No obstante, debes aprender a pedir perdón cuando fallas. Más acerca de esto en el capítulo 8.

8

Me hubiera gustado saber que...

A veces los
PADRES *deben*
PEDIR PERDÓN

uando yo miraba la cuna de nuestros bebés, no pensaba en el concepto de pedirles perdón. Nunca intenté hacer algo que los lastimara. Los amé desde el momento que nacieron. Como padre los protegería, les enseñaría, oraría por ellos y haría todo lo posible por ver que tuvieran una buena vida. Al reflexionar en esos días, me doy cuenta de que fui ingenuo al creer que nunca tendría que pedirles perdón, que sería un padre perfecto.

¿Por qué a veces herimos a las personas que más amamos? Porque somos humanos. Todos somos frágiles. Nacimos de padres que eran frágiles. No hay humanos perfectos, aunque un hombre levantó la mano cuando el orador preguntó:

—¿Conoce alguien a un marido perfecto?

—El primer marido de mi esposa —contestó el hombre con la mano en alto.

Mi observación es que, si hay maridos perfectos, están muertos y, en su mayoría, se volvieron perfectos después que partieron. La realidad es que, al ser humanos, de vez en cuando todos decimos y hacemos cosas que dañan a nuestros cónyuges e hijos, y estropean nuestras relaciones.

La buena noticia es que nuestras fallas no deben destruir nuestras relaciones si estamos dispuestos a pedir perdón y si los demás están dispuestos a perdonar. Pedir perdón y perdonar son aspectos esenciales para mantener buenas relaciones. Los hijos necesitan aprender estas habilidades, porque ellos tampoco serán perfectos.

> ¿Por qué a veces herimos a las personas que más amamos? Porque somos humanos.

Nuestra nieta de cinco años vino de visita.

—¿Puedo agarrar algunas calcomanías? —le preguntó a su abuela.

Davy Grace sabía que Karolyn tenía un "cajón lleno de calcomanías".

—Desde luego —contestó mi esposa—. Puedes agarrar tres calcomanías. Elige las tres que más te gusten.

Karolyn continuó con sus asuntos y unos treinta minutos después, entré a la casa y vi calcomanías colocadas por todos lados. Estaban en sillas, puertas y cajones. Incluso había una en la puerta del horno, y otra en el refrigerador.

—¿Por qué todas esas calcomanías? —le pregunté a Karolyn.

Ella miró alrededor y se dio cuenta de lo que había sucedido.

—Le desobedeciste a tu abuela —reprendió mi esposa a Davy Grace—. Te dije que podías tomar tres calcomanías. Has agarrado muchas y las has pegado por toda la casa.

—Necesito a alguien que me perdone —declaró Davy Grace poniéndose a llorar.

—Por supuesto, tu abuela te perdona —contestó Karolyn envolviéndola en sus brazos—. Te amo mucho.

Davy Grace habló en nombre de la raza humana cuando dijo: "Necesito a alguien que me perdone". Esta es una de las realidades fundamentales que debemos aceptar si hemos de tener relaciones saludables. Disculparse es el primer paso para encontrar perdón, el cual es lo único que sana las relaciones rotas.

Sin embargo, a algunos de nosotros nos enseñaron a no pedir perdón. Recuerdo al joven que me dijo:

—Los hombres de verdad no piden perdón.

—Tu padre probablemente fue un buen hombre, pero tenía mala información —le debatí—. La realidad es que los hombres de verdad deben disculparse si van a tener buenos matrimonios y ser buenos padres. Lo mismo se aplica a las mujeres de verdad.

Parte del problema es que tenemos ideas diferentes en cuanto al significado de pedir perdón. Recuerdo a la esposa sentada con su esposo en mi consultorio.

—Lo perdonaría si él pidiera perdón.

—Ya pedí perdón —respondió entonces el esposo.

—No pediste perdón —remarcó ella.

—Te dije que lo sentía mucho —insistió él.

—Eso no es pedir perdón —replicó la mujer.

Es evidente que ella estaba esperando algo más que "lo siento".

La mayoría de nosotros aprendimos de nuestros padres a pedir o a no pedir perdón. Imagino que, cuando era niño, el hombre en la historia anterior pudo haber empujado a su hermana por las escaleras.

—Juanito, no empujes a tu hermana por las escaleras —pudo haberle dicho su madre—. Ve y dile que lo sientes.

—Lo siento —obedeció entonces Juanito.

Este hombre ahora tiene veintiocho años y, dándose cuenta de que ha ofendido a su esposa, exclama: "Lo siento". En su mente, ya pidió perdón. Sin embargo, la madre de ella le enseñó una manera diferente de pedir perdón, diciéndole: "Cuando te des cuenta de que has ofendido a alguien, siempre debes decir: 'Me equivoqué. No debí haber hecho eso. Espero que me perdones'". Estas son las palabras que la mujer estaba esperando que su esposo dijera. No obstante, tales frases nunca se le pasaron a él por su cabeza.

Los lenguajes de la disculpa

Hace unos años, la doctora Jennifer Thomas y yo escribimos el libro *When Sorry Isn't Enough* [Cuando disculparse no es suficiente].[1] En nuestra investigación hicimos dos preguntas a miles de personas:

1. ¿Qué dices o haces normalmente cuando pides perdón?

2. ¿Qué quieres escuchar cuando alguien te pide perdón? Sus respuestas cayeron en cinco categorías, las cuales llamamos los cinco lenguajes de la disculpa. Paso a describir brevemente cada una de ellas, porque creo que todas deben enseñarse a los hijos.

1) *Expresar arrepentimiento: "Lo siento".* No obstante, esas dos palabras nunca deberían pronunciarse solas. Dile a la persona por qué lo sientes: "Siento mucho haber perdido la paciencia y gritarte. Siento que tomara tu juguete sin pedirlo. Siento que derribara tus bloques". Otro factor importante: nunca pongas la palabra "pero" después de decir "lo siento". "Siento mucho haber perdido la paciencia contigo, pero si no hubieras... entonces yo no habría perdido la paciencia". Así estás culpando a la otra persona por tu mal comportamiento.

2) *Aceptar la responsabilidad: "Me equivoqué y no debí haber hecho eso"* o "No hay excusa para haberlo hecho, acepto mi responsabilidad total". Ayudar a un niño a que acepte la responsabilidad por su comportamiento es fundamental para aprender a pedir perdón. Mi hijo tenía seis o siete años de edad cuando por accidente tiró un vaso de la mesa, el cual cayó al suelo y se rompió.

—¡Se cayó solo! —exclamó cuando lo miré.

---

1. Gary Chapman y Jennifer Thomas, *When Sorry Isn't Enough* (Chicago: Northfield Publishing, 2013).

—Digámoslo de otra manera —declaré—: "Sin querer tiré el vaso de la mesa".

—Sin querer tiré el vaso de la mesa —dijo con lágrimas en los ojos.

Lo que él hizo no fue malo. Fue un accidente. Yo solo estaba tratando de ayudarle a que aceptara la responsabilidad por su comportamiento.

3) *Restituir: "¿Qué puedo hacer para enmendar la situación?"* o "¿Qué puedo hacer para que te sea más fácil perdonarme?". Para algunas personas, no te has disculpado si no ofreces enderezar las cosas. Para un niño, esto puede significar que repare el muro de bloques que pateó sin ninguna intención.

4) *Arrepentirse genuinamente: "Intentaré no volver a hacerlo".* "Pondré un letrero en mi escritorio que diga: 'No entres a la habitación de Carlos sin llamar a la puerta y preguntar si puedes entrar'. Creo que eso me ayudará a recordar". Expresar el deseo de cambiar comunica profundamente a algunas personas que eres sincero al pedir perdón.

5) *Pedir perdón: "¿Me perdonas, por favor?".* O "Espero que me perdones". Para algunas personas, esto comunica que valoras la relación. Te das cuenta de que has hecho daño, que tu comportamiento ha puesto una barrera entre las dos partes. Sinceramente, esperas que la otra persona te perdone para que se restaure la relación.

Lo que la doctora Thomas y yo descubrimos es que, en su infancia, la mayoría de los adultos no aprendieron a pronunciar todos estos cinco lenguajes de la disculpa. Tal vez aprendieron solo uno o dos. En consecuencia, siendo adultos piden perdón usando el lenguaje que les enseñaron. No se dan cuenta de que al disculparse quizá no estén conectándose con la persona a quien le piden perdón. Por esto, a menudo esposos y esposas se pierden en sus esfuerzos de pedir perdón, y de ahí que encuentren difícil perdonar.

Sugiero que tú y tu cónyuge analicen sus puntos de vista sobre lo que constituye una sincera petición de perdón. Aprender a dar una disculpa en una manera que sea significativa para tu cónyuge puede ayudarles a encontrar más fácilmente el perdón mutuo. Desde luego, puedes descubrir que uno de ustedes casi nunca se disculpa por nada. Tal vez tu padre también solía decir: "Los hombres de verdad no se disculpan". Si es así, te animo a amar a tu padre, pero a rechazar esta recomendación. Si no aprendes a pedir perdón, incapacitarás socialmente a tus hijos y tendrás una relación destrozada con tu cónyuge.

Recuerda, según analizamos en el capítulo 7, tu ejemplo es la mejor manera de enseñar a tus pequeños a pedir perdón. Por eso, sí, sugiero que aprendas a disculparte ante ellos. Algunos padres creen que si piden perdón, perderán el respeto de sus hijos. Al contrario, ganarán su respeto. Ellos ya saben que lo que su padre hizo o dijo estuvo mal.

¿Por qué debes pedir perdón?

¿Cuáles son entonces los tipos de acciones que requieren que los padres pidamos perdón a nuestros hijos? Comencemos con las cosas poco amables que solemos decirles o hacerles directamente. Podemos lanzar nuestras propias frustraciones sobre ellos con palabras ásperas y fuertes que entregan mensajes críticos y de condenación. Si no pedimos perdón, estos mensajes suelen persistir por años en la mente de nuestros pequeños. No escuchar ni prestar atención cuando nuestro hijo trata de interactuar con nosotros también requiere que pidamos perdón. En ocasiones algunos padres los castigamos erróneamente, porque no obtenemos toda la información de lo sucedido. A veces los castigamos excesivamente cuando hubiera bastado otra forma de disciplina.

Otra categoría de comportamiento adulto que puede requerir disculparnos ante nuestros hijos son cosas que hacemos y decimos que los afectan de modo indirecto y negativo. Cuando discutimos en voz alta y áspera frente a ellos, sin preocuparnos por sus pensamientos y emociones, definitivamente debemos pedir perdón tanto a los niños como a nuestros cónyuges. También se incluye en esta categoría aquellos momentos en que ofendemos a otra persona y nuestros hijos lo presencian. (Como la manera en que le hablamos a la televendedora que llama para ofrecernos revestimiento de vinilo para nuestra casa de ladrillo). Otro ejemplo de cómo ofendemos indirectamente a nuestros niños es cuando no cumplimos nuestras responsabilidades básicas, como trabajo, limpieza de la casa, provisión de alimentos y seguridad para ellos. Adicciones de cualquier tipo (abuso de substancias, juego, etc.) suelen llevarnos a descuidar nuestro papel de padres, por lo cual debemos pedir perdón.

Al mencionar estos ejemplos, no intento inducir culpa o vergüenza. Al contrario, deseo animar a los padres a ser conscientes y capitalizar sus oportunidades de pedir perdón a sus hijos siempre que sea apropiado. Cuando los padres valoran las disculpas, y se comprometen a pedir perdón cuando es necesario, están enseñándoles una de las habilidades fundamentales necesarias para las relaciones saludables.

Cómo ayuda pedir perdón

¿Cuáles son entonces los beneficios de aprender a pedir perdón a tus hijos? Te sugeriré tres posibles resultados clave.

Pedir perdón desarrolla y demuestra carácter

Por regla general, a los padres les interesa desarrollar el carácter de sus pequeños, es decir, la habilidad para enfrentar los retos de la vida con fortaleza mental y moral. El carácter es algo que ellos empiezan a desarrollar siendo jóvenes y que luego continúa a través de la edad adulta. Los padres también debemos mantener y desarrollar continuamente carácter al enfrentar nuestras propias dificultades, que incluyen momentos en que cometemos errores de crianza que, de modo indirecto y negativo, afectan a nuestros pequeños.

Aprender de nuestros errores forja carácter por sí mismo. Aprender de nuestros errores significa reflexionar en ellos, aceptar la responsabilidad por nuestras equivocaciones y tratar de evitar errores similares en el futuro. Este proceso de reflexionar, aceptar la culpa y comprometernos a mejorar desarrolla nuestro carácter.

Al aprender de nuestros errores, demostramos ante nuestros hijos la importancia de tratar de forma eficaz con nuestras fallas. Por ejemplo, cuando reconocemos y controlamos nuestro temperamento dándonos un respiro, demostramos autocontrol frente a nuestro hijo. Esta es una práctica de desarrollo de carácter. O, si reaccionamos con enojo pero, después de reflexionar, tomamos tiempo para aceptar la responsabilidad y pedimos perdón, demostramos carácter y somos ejemplo para nuestro hijo.

> **Aprender de nuestros errores forja carácter por sí mismo.**

Shannon me contó la historia de un padre que se sentía preocupado por sus prolongados estallidos de ira. Profundamente convencido de su mal comportamiento, pidió perdón a toda su familia. Su hijo de doce años estaba de alguna manera impactado porque nunca antes había visto que alguien pidiera perdón. Ese fue un momento de cambio tanto familiar como de vida entre todos los miembros de la familia.

Pedir perdón desarrolla y restaura relaciones

En la familia, no podemos tratarnos con dureza y esperar que nuestras relaciones estén en buen estado. Cónyuges e hijos a menudo sufren en silencio después de un altercado. La sanidad no viene con el paso del tiempo, sino cuando admitimos nuestras faltas, nos disculpamos y pedimos perdón. Shannon cuenta su propia experiencia en la siguiente historia.

"Poco tiempo después que Presley cumplió dos años de edad, ella y yo estábamos en la cocina comiendo un bocadillo cuando, accidentalmente, golpeó mi taza de leche con chocolate. Para mi vergüenza, en forma impulsiva le grité. Recuerdo haber pensado mientras las palabras salían de mi boca: *No debería estar exagerando*. Sabía que me hallaba tensionada por otros asuntos y que estaba liberando esa tensión sobre Presley. Por supuesto, la pequeña no sabía de mi tensión ni le importaba; tan solo sabía que me había hecho enojar y que yo había herido sus sentimientos. Con lágrimas en los ojos, fue a buscar consuelo en Stephen.

"Esperé unos minutos a que Presley se calmara. Entonces la abracé y le dije: 'Hija mía, lo siento mucho. No debí haberte gritado'. Ella me devolvió el abrazo y, con lenguaje dulce y confuso, repitió mis palabras: '¿No debiste gritarme?'. La niña pareció decir esto como si me hiciera la pregunta: 'No debiste gritarme, ¿verdad?'. Me repitió estas palabras varias veces más en el transcurso del día. Ella estaba haciendo su parte en restaurar la relación. Los hijos mayores hicieron una pregunta similar: '¿Sigues enfadada conmigo?'. Estas y similares palabras ejemplifican cómo los hijos se contactan con sus padres después del conflicto para asegurar que la relación sigue intacta y que son aceptados otra vez por sus padres".

Cuando papá y mamá no demostramos bondad y justicia, los hijos pueden sentirse emocionalmente distanciados, disgustados e incluso odiados por nosotros. Pero pueden experimentar reconexión emocional, así como solución a sus sentimientos negativos, cuando de manera auténtica les pedimos perdón y luego actuamos en consecuencia para, en el futuro, evitar los mismos tipos de equivocaciones dañinas.

Desde luego, sabemos que el perdón no siempre es automático

para adultos o niños. Debido a esto, los padres no deberíamos esperar de forma injusta que nuestros hijos perdonen de inmediato nuestras peores equivocaciones. Sin embargo, también sabemos que el acto meditado y sincero de disculparnos, combinado con interacciones constantemente positivas a través del tiempo, ayuda a restaurar incluso las relaciones más arruinadas.

Pedir perdón enseña a los niños a tratar con sus propias faltas

Los hijos no serán perfectos. A veces romperán las normas, se dirigirán con dureza a padres o hermanos, empujarán o patearán a otro niño, etc. Sé que es difícil imaginar esto en el momento en que cargas a tu bebé en los brazos, pero sucederá. Los niños por naturaleza no piden perdón. Al contrario, suelen culpar a otros. ¿Has notado esto en ti mismo? Es mucho más fácil culpar a tu cónyuge que aceptar la responsabilidad por tu propia falta.

Solo tú sabes si procesas tus propias faltas de modo saludable. Muchos adultos no somos buenos para pedir perdón. Solemos decir cosas duras a nuestros cónyuges o a otras personas, alejarnos, culpar en nuestras mentes a la otra persona por nuestro mal comportamiento y nunca regresar a pedir perdón. Una serie de tales agravios sin resolver suele ocasionar ruptura en la relación.

Cinco pasos para aprender a disculparnos

Si vamos a enseñar a nuestro niño a pedir perdón, primero debemos aprender a hacerlo nosotros mismos. El mejor momento de aprender es antes que el bebé nazca o cuando está muy pequeño. Así que permíteme darte cinco pasos para aprender a pedir perdón y animarte a que veas dónde te encuentras en estos pasos importantes. Por cierto, estos son los cinco mismos pasos que enseñarás a tus pequeños.

1. *Aceptar la responsabilidad por nuestras propias acciones.*
"Dejé abierta la puerta del garaje. Olvidé sacar la basura.

Rompí el plato. Dejé marcas de barro. Te hablé ásperamente. Perdí la paciencia. Fui poco amable. Olvidé comprar leche". No todas estas son faltas morales. Algunas simplemente son ineptitudes humanas. Lo importante es asumir la responsabilidad por nuestro comportamiento.

2. *Nuestras acciones afectan a otros.*
Ningún ser humano es una isla. Lo que hacemos, bueno o no tan bueno, afecta a quienes nos rodean. Si llegamos a casa dos horas tarde cuando habíamos acordado asistir al concierto, desilusionamos a nuestro cónyuge. Cuando limpiamos el garaje, es probable que nuestro cónyuge se entusiasme. Si enojados corremos en la carretera a ciento treinta kilómetros por hora, nuestro cónyuge experimentará temor. Todo lo que hacemos, bueno o malo, afecta a otras personas.

3. *Siempre hay normas en nuestra vida.*
A menudo pensamos en establecer normas para la seguridad de nuestros niños (lo cual ya analizamos antes), pero los adultos también debemos seguir normas por nuestro propio bienestar. Sin normas, una sociedad se hunde en el caos. Cuando obedecemos las reglas, la vida es mucho más fácil. Pero cuando las desobedecemos, habrá consecuencias negativas. La más grande de todas las normas es: "Trata a los demás como quisieras que te traten", llamada en ocasiones la regla de oro.

4. *Las disculpas restauran amistades.*
Todos hemos visto relaciones destrozadas: en casa, en el trabajo, con familiares o con vecinos. La mayoría es resultado de no pedir perdón ni perdonar. Cuando pedimos perdón, abrimos la puerta a la posibilidad del perdón. Cuando se perdona, la relación se restaura.

5. *Debemos aprender a expresar nuestras disculpas en una manera que sea significativa para la persona que ofendimos.* Aquí es donde son útiles los cinco lenguajes de la disculpa que vimos antes en este capítulo. En su mayoría, los adultos no han aprendido a hablar todos estos lenguajes.

Sin embargo, nunca es tarde para aprender. Lee la siguiente lista y evalúa cuánto dominio tienes en expresar cada una de estas frases:

"Siento mucho haber...".

"Me equivoqué".

"¿Qué puedo hacer para corregir la situación?".

"Intentaré no volver a hacerlo".

"Espero que me perdones".

El niño debe aprender los cinco lenguajes de la disculpa, pero es probable que no lo haga a menos que los padres los expresen. Si te parecen poco normales, entonces sugiero que te pares frente a un espejo y los pronuncies en voz alta, hasta que empieces a sentirte más cómodo. Mientras más a menudo los repitas, más probable es que los pronuncies cuando realmente debas pedir disculpas a tu cónyuge o a un compañero de trabajo.

No obstante, el solo hecho de pedir perdón no restaura relaciones. Disculparse es el primer paso, pero debe ir acompañado de perdón para que la barrera emocional se rompa. Cuando acepto tus disculpas, decido perdonarte. Perdonar puede ser fácil o difícil basándose en muchos factores, tales como naturaleza y frecuencia del agravio, y sinceridad percibida de la disculpa. Perdonar también está influenciado por lo bien que la persona aprendió a pedir perdón y a perdonar durante su infancia. Cuando los padres se disculpan y se perdonan, no solo mejoran su propia relación, sino que también les demuestran el proceso a sus hijos.

Quisiera haber aprendido a disculparme mucho antes. Muchas de las batallas maritales que Karolyn y yo tuvimos en los primeros años de matrimonio pudieron haberse evitado si yo hubiera estado dispuesto a asumir la responsabilidad por mis palabras y acciones, si hubiera admitido mi error, si hubiera ofrecido compensarla, si me hubiera esforzado por no repetir las mismas acciones destructivas y si hubiera pedido perdón. Espero que este capítulo te haya ayudado a crecer en la disposición y la habilidad para pedir perdón y perdonar. Pregunto de nuevo: "¿Qué pasaría si mis hijos resultaran ser exactamente como yo?".

A propósito

1. ¿Cuándo fue la última vez que le pediste perdón a alguien? ¿Cómo expresaste tus disculpas? ¿Cómo reaccionó la persona? ¿Estás satisfecho con el resultado? Después de leer este capítulo, ¿cómo podrías haber replanteado tus disculpas?

2. ¿Qué hicieron tus padres para enseñarte a pedir perdón?

3. ¿Recuerdas alguna ocasión en que tus padres te pidieron perdón? Si no, ¿por qué asuntos te gustaría que se hubieran disculpado contigo?

4. Mira los siguientes lenguajes de la disculpa y marca uno o dos que consideres una disculpa sincera.

Expresar arrepentimiento: "Siento mucho que…".
Asumir la responsabilidad: "Me equivoqué. No debí haber hecho eso".
Ofrecer indemnizar: "¿Qué puedo hacer para enderezar las cosas?".
Expresar deseos de cambiar: "No me gusta lo que hice, y no quiero volver a hacerlo".
Pedir perdón: "¿Puedes perdonarme, por favor?".

5. Analicen juntos tu cónyuge y tú qué consideran una disculpa sincera. ¿Puedes ver cómo pudieron haber fallado emocionalmente uno al otro al hablar el lenguaje erróneo de la disculpa?

6. ¿Cuándo fue la última vez que le pediste perdón a tu cónyuge? ¿Cómo reaccionó?

7. ¿Cuándo fue la última vez que tu cónyuge te pidió perdón? ¿Cómo reaccionaste?

8. ¿Qué tan exitoso has sido en perdonar a tu cónyuge después que pidió perdón? ¿Qué podría él o ella hacer para que fuera más fácil perdonarlo? Cuéntale esto a tu cónyuge.

9. Aprender a disculparte eficazmente ante tu cónyuge y tu hijo es esencial si vas a tener relaciones familiares saludables. Esta es una de las habilidades sociales básicas que el niño debe aprender. (Más acerca de habilidades sociales en el capítulo 9).

9

Me hubiera gustado saber que...

Las HABILIDADES SOCIALES
son tan importantes como las
HABILIDADES ACADÉMICAS

uchos padres creen que el éxito académico es el boleto de sus hijos hacia la "buena vida", sin comprender que las mejores notas en la libreta de calificaciones no necesariamente se convierten en éxito en la vida. Sin habilidades sociales saludables, el mejor estudiante podría llevar un estilo de vida mediocre. Muchas de las personas que son despedidas de sus empleos no los perdieron debido a deficiencias intelectuales, sino a que no podían llevarse bien con los demás. La mayoría de las personas que se divorcian son inteligentes, pero nunca aprendieron a resolver conflictos sin pelear. No aprendieron a mantener vivo el amor emocional después de desvanecerse la euforia de "enamorados", ni a hacer peticiones en lugar de exigencias ni muchos otros retos que requieren habilidades sociales.

No estoy minimizando la importancia de las habilidades académicas. Analizaremos esto con más detalle en el capítulo 10. Lo que estoy diciendo es que las habilidades académicas no bastan para triunfar en la vida. La mayoría de las profesiones implican trabajar con otras personas. El "don de gentes" muy bien puede ser determinante en el éxito y el fracaso. En este capítulo, quiero identificar algunas de las habilidades sociales que son necesarias para el éxito y mostrar además el modo en que los padres pueden ayudar a los hijos a desarrollarlas.

Desde que nuestros hijos eran pequeños, supe que anhelaba que fueran amorosos, amables, responsables, trabajadores y bien educados. Quería que pudieran procesar sus propias emociones en una manera saludable y que respetaran las emociones de otras personas. Deseaba que fueran amigables y capaces de conversar con otros. Ansiaba que descubrieran que la mayor satisfacción en la vida se encuentra en servir a otros. Sin embargo, debo ser sincero, pensé poco en cómo ayudarles a desarrollar tales características. Me basaba principalmente en buenos anhelos.

> El "don de gentes" muy bien puede ser determinante en el éxito y el fracaso.

Lo que deseo comunicarte son algunos de los aspectos que aprendí en el camino, en mis estudios, en mi consultorio de consejería y al criar a mis propios hijos. También extraigo experiencias y entrenamiento de parte de Shannon.

Cómo un niño aprende a tener empatía

Comencemos con la *empatía*, que es la habilidad de entrar en los sentimientos de otros e identificarse con su dolor o alegría. Esta es una de las destrezas básicas que un consejero necesita. No existen consejeros exitosos que no tengan empatía. No obstante, hay muchos adultos que no tienen esta habilidad. Nunca aprendieron a reconocer y a nombrar sus propias emociones. Por eso, tienen dificultad para entender las emociones de otros. De ahí que no sean muy solidarios con un compañero de trabajo decepcionado, triste o traumatizado. Su enfoque básico es mantenerse alejado de quienes experimentan dolor. Pueden ser personas buenas y sinceras, pero no tienen esta habilidad social.

¿Cómo, entonces, enseñar a tu hijo a empatizar con otros? Lo primero es tratar de identificarte con *sus* emociones. Cuando un bebé llora, te acercas para descubrir por qué está llorando. Él no puede hablar, así que en los primeros días participas en un juego de ingenio. El llanto puede estar motivado por hambre, necesidad de cambiarle el pañal, dolor, cansancio, aburrimiento o simplemente falta de contacto humano. Con el paso del tiempo, aprenderás a distinguir entre varios tipos de llanto. Por medio de una respuesta paciente, persistente y empática al lloro del bebé, puedes satisfacer sus necesidades básicas y establecer exitosamente el fundamento de la relación social con él. Este modelo es el primer paso en enseñar al niño a identificarse con otros.

A medida que el hijo pasa por la etapa infantil y del habla, los padres tienen más claves acerca de lo que el niño siente; uno de sus papeles es unir palabras a las emociones del niño. Cuando un bebé se cae y comienza a llorar, la madre lo carga y puede decirle: "¿Se lastimó mi bebé? Muéstrale a mamá dónde te duele". Cuando pasan los meses y los años, los padres siguen ayudando al niño a desarrollar un vocabulario emocional. El niño debe aprender a identificar sus propias emociones antes de poder aprender a tener empatía por las emociones de otras personas.

Finalmente, el niño llega a la etapa en que empieza a identificarse con las emociones de sus padres. Cuando una madre dice: "Tu desobediencia me hace sentir triste", y el niño responde: "Lo siento, mamá", ahora el niño está identificándose con la madre. Este es un proceso lento, pero hablar de emociones, tanto de las tuyas como las de ellos, es la vía hacia el desarrollo de la importante habilidad social de la empatía.

Demostración y enseñanza de bondad

Una segunda habilidad social es la *bondad*, que se muestra con palabras y acciones que realzan la vida de otros. El niño que aprende a expresar bondad no solo enriquece a otros, también encuentra gran satisfacción. Albert Schweitzer, quien como médico invirtió su vida en lo que era entonces el África Ecuatorial Francesa, fue galardonado con el Premio Nobel de la Paz en 1952. En su discurso de aceptación, declaró: "Una cosa sé: los únicos entre ustedes que serán realmente felices son aquellos que habrán buscado y encontrado cómo servir".[1] Cuando enseñas a tu hijo a ser bondadoso, estás dándole una de las habilidades sociales más importantes. Todo empieza cuando eres bondadoso con él. Al pronunciar palabras amables en tono amigable estás enseñando con tu ejemplo. Cuando haces cosas que crees que realzarán la vida del niño, demuestras bondad. Todos los niños responden positivamente a la bondad.

Una vez establecido este patrón, puedes decirle al niño: "¿Recuerdas lo bien que te sentiste cuando te dije que estaba orgulloso de ti? Pensemos ahora en algo amable que podamos decirle a tu abuela". Probablemente, el niño se emocionará y empezará a pensar en qué palabras pronunciar. O puedes decir: "¿Recuerdas lo feliz que mamá se puso cuando tú y yo limpiamos el garaje? Pensemos en algo más que podamos hacer para que ella sea feliz". Los actos de bondad y las palabras amables serán de mucha utilidad a tu hijo en el mundo adulto.

El arte de decir "gracias"

Una tercera habilidad social es la *gratitud*, que es el arte de decir "gracias". Cuando el niño aprende a agradecer, desarrolla una habilidad social que resaltará en gran manera sus relaciones cuando crezca. Un empleado de una cafetería escolar me dijo una vez: "Sirvo almuerzos como a trescientos niños cada día. Solo diez de ellos agradecen cada vez que les sirvo. Siempre son los mismos diez. Me alegran el día". ¿Te gustaría que tu hijo fuera uno de esos diez?

Todo empieza con tu ejemplo. Cuando agradeces a tu cónyuge por

---

1. George Sweeting, *Who Said That?* (Chicago: Moody Publishers, 1995), p. 250.

una comida que ha preparado, es probable que tu hijo siga tu ejemplo. Cuando le expresas a tu hijo: "Agradezcamos a papá o mamá por trabajar hoy para que podamos tener una casa en la cual vivir", estás enseñándole que las cosas que disfrutamos no salen de la nada. Alguien trabajó para hacer que sucedan. Los hijos agradecidos suelen crecer con padres agradecidos.

También puedes jugar al "agradecimiento" con tus niños que tienen suficiente edad para hablar. Todos entran a un cuarto y se turnan para expresar gracias por varios artículos que ven adentro. Por ejemplo: "Estoy agradecido por esta silla". Otro dice: "Estoy agradecido por la alfombra". Mira cuántas cosas pueden agradecerse en diez minutos. Los niños pequeños realmente pueden entrar en este juego y, cada vez que declaran: "Estoy agradecido por...", están desarrollando la habilidad de la gratitud.

> Los hijos agradecidos suelen crecer con padres agradecidos.

¿Cuándo fue la última vez que le agradeciste a alguien? Si no puedes recordarlo, entonces es posible que debas establecer el objetivo de agradecer al menos a tres personas cada día. Si no tienes esta habilidad social, es poco probable que se la enseñes a tu hijo.

El valor de prestar atención

Una cuarta habilidad social es la *atención enfocada* o dar a alguien tu atención total. Mi esposa Karolyn mantiene esto en el centro de mi mente cuando afirma: "Dondequiera que estés, presta total atención". En el mundo moderno, se alaba la multitarea como un ahorro de tiempo, pero esto no forja relaciones. Si ves televisión o te enfocas en los medios sociales, seguramente tu cónyuge te ha preguntado alguna vez: "¿Podrías escucharme, por favor?". Tu respuesta pudo haber sido: "Estoy escuchándote". La verdad es que es posible ver televisión y escuchar a tu cónyuge, pero eso no es atención enfocada. Lo que tu cónyuge está pidiéndote es tu atención total.

Cuando prestas total atención a alguien, estás comunicando que crees que esa persona es importante, que valoras sus pensamientos, ideas y sentimientos. Cuando haces contacto visual mientras te están hablando, preguntas para asegurarte que comprendes, expresas afirmación y, a continuación, das tu opinión, estás demostrando una de las habilidades más importantes para desarrollar relaciones: total atención.

La habilidad de enfocar la atención tiene muchos otros beneficios. A los niños que "ponen atención" en la escuela les va académicamente mejor. (Más sobre esto en el capítulo 10). Los que practican deportes sobresalen si enfocan la atención en lo que están haciendo. En casi todo aspecto de la vida, los niños que se concentran en una tarea a la vez tienen más éxito que los que se distraen fácilmente; por supuesto, algunos padecen trastorno de déficit de atención y necesitan ayuda profesional.

¿Dónde empiezan entonces los padres a enseñar esta habilidad social? Creo que empiezan desde que tienen el bebé, prestándole toda la atención. No quiero decir veinticuatro horas al día, sino períodos extendidos de hablarle al niño, cantarle, cargarlo o abrazarlo. Esta clase de actividades sirve de base para la atención total.

A medida que el niño crece, leerle ayuda a que desarrolle la capacidad de atención. Algunos padres cometen el error de poner pantallas frente al hijo a muy temprana edad. Pero las pantallas disminuyen la capacidad de concentrarse, porque cambian constantemente. Es más, la Academia Estadounidense de Pediatras recomienda a los padres evitar la televisión y el tiempo de pantalla a los hijos menores de dos años.[2]

El tiempo de pantalla debe seguir limitándose y monitoreándose a medida que el niño crece. Un tiempo ilimitado de pantalla no le

---

2. Academia Estadounidense de Pediatras, "Declaración de política: Uso de medios para niños menores a dos años", Academia Estadounidense de Pediatras (2011), en línea, http://pediatrics.aappublications.org. Recurso en inglés.

ayudará a aprender la habilidad de atención enfocada. Lo que sí enseña es que la vida debería ser constantemente interesante, instantánea y gratificante. La vida real y la gente real no siempre tienen estas cualidades. Los niños que se hacen adictos a las pantallas no desarrollan la habilidad social de atención enfocada.

Por otra parte, mientras más hagas participar a tu hijo en juegos que requieran contacto visual y que sean apropiados para su edad, así como en conversaciones y reflexiones, más aprenderá a sentirse cómodo con las personas. Los tiempos de juego son el laboratorio para lograr que desarrolle habilidades sociales.

> Yo también podría advertir a los padres acerca de su propia tendencia a distraerse.

Conversar con tu niño también es clave para desarrollar la habilidad de atención enfocada. Cuando le hables, asegúrate de hacer contacto visual y enseñarle a hacer lo mismo. Yo también podría advertir a los padres acerca de su propia tendencia a distraerse. Cuando hablas con tu pequeño, si suena tu teléfono celular y contestas, estás diciéndole: "Esta persona es más importante que tú". Como padres también debemos practicar atención enfocada.

Ser cortés

Una quinta habilidad social son las *cortesías comunes*, cosas que hacemos y no hacemos al relacionarnos con las personas. Hace poco fui recibido en el aeropuerto por un joven que me llevaría a mi hotel. Yo iba a hablar en su empresa esa noche. Mientras íbamos noté que él respondía a mis preguntas con "sí, señor" o "no, señor". Supuse que debió haber servido poco tiempo antes en el servicio militar, pero no era así.

Esa noche, cuando lo oí hablando con una mujer en la reunión, su respuesta era "sí, señora" o "no, señora". Fue evidente para mí que él se había criado en un hogar donde le habían enseñado esta cortesía común: dirigirse a un hombre como "señor" y a una mujer como "señora".

Cada cultura y subcultura tiene su propia lista de cortesías comunes que, por lo general, se enseñan y aprenden en el hogar. He aquí algunas de las cortesías comunes que aprendí al criarme en una familia trabajadora de clase media en el sureste de Estados Unidos.

Cuando alguien te da un elogio o un regalo, decir siempre: "Gracias".

No hablar con comida en la boca.

Pedir permiso para jugar con los juguetes de tu hermana.

No agarrar el trozo más grande de pollo.

Cuando se trata de comida, probarla antes de rechazarla. Luego decir: "No me gusta. Gracias".

Nunca entrar al cuarto de alguien sin primero llamar a la puerta. Luego decir: "¿Puedo entrar, por favor?".

Hacer las tareas antes de jugar pelota.

Cuando veas a tu padre o a tu madre haciendo algo, preguntar siempre: "¿Puedo ayudarte?".

Esperar tu turno para montar en la patineta.

Cuando llegue la tía Zelda, recibirla en la puerta con un abrazo.

Si quieres que Juanito salga a jugar, llama a la puerta principal y pregúntale a la madre: "¿Puede Juanito salir a jugar conmigo?". Si ella dice: "Ahora no", di: "Gracias". Y vete.

Decir: "Sí, señora" o "No, señora" a tu madre, y "Sí, señor" y "No, señor" a tu padre.

No gritar a tus padres o a tu hermana.

Cuando alguien más está hablando, no interrumpir.

Cuando entras a la casa, quitarte la gorra.

Mirar a los ojos de la persona cuando le estás hablando.

Cuando quieras sal en la mesa, decir: "Por favor, pásame la sal".
Cuando te levantes de la mesa del comedor, decir: "¿Puedo
levantarme?".[3]

Todas estas "cortesías comunes" están diseñadas para mostrar
respeto por familiares y amigos. No son normas universales, pero
son tan comunes que pudiste haber reconocido que te enseñaron
algunas de ellas cuando eras niño. No estoy sugiriendo que adoptes
esta lista, sino que estoy animándote a tener una lista de cortesías
comunes que planees enseñar a tu hijo.

Con mucha frecuencia, los maestros de escuelas públicas me dicen
que el mayor problema que tienen en las aulas es la falta de respeto.
Muchos alumnos no respetan la autoridad del maestro ni respetan a
sus compañeros de estudio. A menudo esto interrumpe la clase.

Enseñar cortesías comunes a tu hijo es la forma principal de enseñarle respeto por la autoridad, la propiedad y los derechos de los
demás. Los niños deben aprender que hay ciertas cosas que hacemos
y que no hacemos porque nos respetamos unos a otros. Si aprenden a
respetar a padres y hermanos, es más probable que respeten a maestros y a otros adultos. El adolescente que grita a sus padres probablemente le gritará a su esposa algún día.

Los animo a ti y a tu cónyuge a hacer una lista de las cortesías
comunes que les enseñaron de niños. Examinen la lista y decidan
cuáles de esas cortesías les gustaría enseñar al pequeño. Si ustedes
se criaron en hogares donde se prestaba poca atención a ser corteses, entonces hablen con otras parejas y averigüen qué cortesías les
enseñan a sus hijos. Hacer una lista es una manera de mantener esta
habilidad social en el centro de tu mente.

Una vez que tengan la lista, pueden comenzar a observar cómo

---

3. Gary Chapman, *Love as a Way of Life* [*El amor como forma de vida*]
(Colorado Springs: WaterBrook Press, 2008), p. 103. Publicado en español por
Vintage español.

se expresan cortesía mutua. ¿Se están escuchando con empatía, tratando de comprender la opinión del otro? ¿Hacen peticiones en lugar de demandas? Cuando tienen un conflicto, ¿se enfocan en hallar una solución en lugar de ganar una pelea? Antes de pedir un cambio, ¿le dices primero a tu cónyuge tres cosas que te gustan acerca de él o de ella? Una vez que le has oído pedir perdón y que has decidido perdonar, ¿permites que el incidente sea historia? Estos solo son algunos aspectos en los cuales reflexionar. Recuerda que tu ejemplo de cortesía será de suma importancia para tus hijos.

> Los niños deben aprender que hay ciertas cosas que hacemos y que no hacemos porque nos respetamos unos a otros.

Aprender a manejar la ira

Una sexta habilidad social es el *manejo de la ira* o controlar la ira que sentimos en lugar de dejar que esta nos controle. Todos los niños experimentan la emoción de la ira, así como los adultos. El problema no es la ira, sino cómo la manejamos. Los niños que no aprenden a responder de manera saludable a la ira presentan problemas de relación. Por desdicha, muchos padres no aprendieron esta habilidad social de niños y aún siguen lidiando con su propio manejo de la ira.

Empecemos por el principio. Hay dos tipos de ira: reactiva y distorsionada. La ira reactiva es nuestra respuesta emocional cuando nos tratan injustamente. La ira distorsionada es nuestra respuesta cuando no obtenemos lo que queremos. Mucha de la ira del niño es distorsionada. A los dos años de edad, los niños pueden hacer berrinches, generalmente porque no les dieron la barra de caramelo o el juguete que querían. A menudo, esto ocurre en la tienda y puede ser muy embarazoso para los padres.

A fin de lograr que el niño se calme, los padres suelen ceder, agarrando el caramelo o el juguete, entregándoselo y diciéndole: "Está bien, ahora deja de gritar". Al hacer eso, están enseñándole al niño que con una rabieta conseguirá lo que quiere. Si este patrón continúa, tendrás un adolescente rebelde y un adulto descontrolado. ¿Cómo deben entonces reaccionar los padres ante esta situación? Sugiero que nunca cedas ante un berrinche. Si sucede en una tienda, simplemente lleva al niño al auto y siéntate con él hasta que se tranquilice. Dile que esta no es la manera de obtener un caramelo, que nunca lo conseguirá llorando y gritando. Luego llévalo otra vez a la tienda y termina tus compras. Si la rabieta ocurre en casa, dile que si quiere gritar puede hacerlo en su habitación, pero no en tu presencia. En resumen, no permitas que con su comportamiento iracundo y descontrolado se salga con la suya. El niño pronto aprenderá a hacer peticiones, no exigencias y, cuando los padres le digan que no, respetará la autoridad. Obviamente, este tipo de respuesta de los padres debe hacerse con calma y amor hacia el pequeño.

Una vez superada la "prueba del berrinche" y que el niño tenga edad suficiente para hablar, puedes comenzar a enseñarle una manera positiva de manejar la ira. Queremos hablar acerca de nuestra ira en lugar de gritar o presionar a la persona con quien nos enojamos. Así, una madre podría decir: "Cuando estés enfadado conmigo, quiero que vengas y me digas: 'Mamá, estoy enojado, ¿podemos hablar?'. Si estoy lavando los platos, te diré: 'Sí, tan pronto como termine de lavar los platos'. Si no estoy ocupada, diré: 'Sí, sentémonos y hablemos'. Bueno, ¿por qué estás enojado?". Entonces puedes escuchar al niño con empatía y tratar de encontrar una solución.

Si el niño descubre que escucharás sus quejas, aprenderá a hablar en vez de gritar. Como padres, ustedes tienen la responsabilidad de ayudar al hijo a entender la diferencia entre la ira reactiva y la ira distorsionada. Si en realidad han tratado injustamente al niño, entonces deben pedirle perdón, tal como analizamos en el capítulo 8. Por otra parte, si el chiquillo está enojado porque no le permiten hacer algo o porque no le darán algo, pueden explicar sus razones y tomar la decisión que crean que será mejor para él. Recuerden que ustedes son los padres y saben mejor que el niño lo que más le conviene. Por supuesto, si el chico no se sale con la suya, puede seguir llorando y largarse furioso, pero al menos sabrá por qué ustedes actúan de ese modo.

No podemos evitar que nuestros hijos lloren cuando se desilusionan. En realidad, tal llanto puede ser útil. Como adultos, a veces lloramos cuando no obtenemos lo que queremos. Pero se supone que, como adultos, no vamos a gritar o a lanzar botellas porque no nos salimos con la nuestra. Según analizamos en el capítulo 7, nuestro ejemplo es muy importante. Por tanto, si no manejamos nuestra ira en una manera responsable, entonces es hora de tomar un curso sobre manejo de la ira o de leer un libro sobre el tema. Para obtener más ayuda sobre cómo entender y procesar la ira, véase mi libro *El enojo: Cómo manejar una emoción poderosa de una manera saludable*.[4]

La buena noticia es que nunca somos demasiado viejos para aprender. Es más, debemos aprender habilidades positivas del manejo de la ira si esperamos enseñar a nuestros hijos cómo manejarla.

Dos habilidades sociales adicionales que son sumamente importantes para los niños son cómo pedir perdón y cómo dar y recibir amor. Ya las hemos analizado en forma extensa, de modo que aquí no las veremos, pero seamos conscientes de su gran importancia.

Ojalá hubiéramos sabido estas habilidades sociales antes de convertirnos en padres. Debo confesar que me hallaba bien en el viaje de criar hijos antes de aprender a manejar la ira. Estaba un poco mejor en algunas de las otras habilidades, pero siempre hay espacio para crecer. Estoy convencido de que, mientras más desarrolles estas habilidades en tu propia vida, más eficaz serás en enseñarlas a tus hijos.

---

4. Gary Chapman, *El enojo: Cómo manejar una emoción poderosa de una manera saludable* (Grand Rapids: Portavoz, 2009).

A propósito

1. ¿Cuáles son algunas de las emociones que has sentido hoy? ¿Qué las estimuló? Entrar en contacto con tus propias emociones es el primer paso para enseñar a tu hijo a tener empatía por los demás.

2. Pide a tu cónyuge que muestre sus respuestas a las preguntas anteriores. Esto les hará hablar mutuamente en un nivel emocional.

3. ¿Qué clases de palabras has expresado a alguien hoy? ¿Qué tipo de acciones realizaste hoy por alguien? Pide a tu cónyuge que te diga sus respuestas a estas preguntas.

4. Fija la meta de expresar una palabra amable o hacer una acción bondadosa a alguien cada día. Tal vez quieras comenzar con tu cónyuge.

5. Haz una lista de diez cosas por las que estás agradecido. Escríbelas y analízalas con tu cónyuge. Agrega a la lista algo por lo que estás agradecido cada día de esta semana y habla de ello con tu cónyuge.

6. Cuando tu cónyuge está hablando, ¿le prestas total atención? Intenten sentarse una noche esta semana con televisión, computadora y teléfono apagados. Mírense uno al otro y hablen de tres cosas que les hayan sucedido hoy en su vida y de cómo se sintieron al respecto. Aprender a prestar "atención enfocada" los preparará para criar hijos.

7. Haz una lista de las "cortesías comunes" que te enseñaron de niño. Pide a tu cónyuge que haga lo mismo. Comparen las

listas y decidan qué cortesías les gustaría enseñar a su hijo. ¿Qué más añadirían a esta lista?

8. Detesto mencionarlo de nuevo; sin embargo, ¿cómo te está yendo con el manejo de tu enojo? Si hay espacio para crecer, quizá tú y tu cónyuge puedan leer y debatir un libro sobre el tema. La ira mal manejada es perjudicial para las relaciones matrimoniales y familiares.

10

Me hubiera gustado saber que...

Los PADRES
son RESPONSABLES de la
EDUCACIÓN de sus hijos

h, siempre me interesó la educación. Había concluido mi maestría en educación antes que nuestra hija naciera. Sabía que deseaba que mis niños tuvieran buena formación. Supuse que irían a la universidad. Sin embargo, no pensé mucho en mi papel en su educación; creo que simplemente supuse que eso les correspondía a los maestros. Si me hubieras preguntado cuáles eran nuestros planes para educar a nuestros hijos, creo que hubiera dicho: "Supongo que los enviaremos a la escuela pública. Eso es lo que mis padres hicieron y funcionó bastante bien".

No cavilé seriamente en la realidad de que mucha de la educación se lleva a cabo antes que los hijos tengan suficiente edad para el primer grado. Tampoco pensé en el hecho de que la cultura había cambiado en gran manera desde que estuve en la escuela pública. (No es que esté en contra de las escuelas públicas; luego hablaremos más sobre eso). Creo que Karolyn estaba más en contacto que yo con las necesidades de formación de los niños y, gracias a Dios, ella me ayudó a integrarme.

El primer maestro de tu hijo: tú

Comencemos con algunas reflexiones acerca de la formación de los niños antes que tengan suficiente edad para el jardín de infantes. La educación tiene que ver con el proceso de enseñanza y aprendizaje. Alguien enseña y alguien aprende, y a menudo el aprendizaje fluye en ambos sentidos. Eso sin duda ocurrió conmigo. Mientras enseñaba a mis hijos, continuamente aprendía de ellos y acerca de ellos. Gran parte de la formación inicial de los niños se realiza en el contexto del diario vivir. Tal vez no estemos pensando en "formación", pero estamos "educando" por la forma en que respondemos a nuestros hijos en el flujo normal de la vida. Esto se ejemplifica en la historia que Shannon cuenta:

"Carson empujó a Presley, haciéndola caer sobre un piso de concreto que le raspó la rodilla. Mi primera reacción fue consolar a Presley y atenderle la rodilla. Esto en realidad me dio tiempo para ordenar mis pensamientos y decidir cómo quería tratar con el mal comportamiento de Carson, quien observaba mientras yo atendía la rodilla de su hermana. El remordimiento del niño era evidente. Minutos después le recordé que había causado el accidente de Presley. Él comentó: 'Yo no sabía que el piso le lastimaría la rodilla'. Lo abracé y le respondí: 'Ahora sabes que el piso le lastimó la rodilla. No vuelvas a empujarla'. Animé a Carson a pedirle perdón a Presley, lo cual hizo. De ahí superamos el incidente: Presley con una rodilla vendada y mi convalidación de su dolor físico y emocional; Carson con una lección aprendida (espero) y una demostración tanto de mi amor como de mi disposición de pedirle cuentas; y yo, con la responsabilidad inmediata de preparar la cena incluso mientras deseaba un descanso personal".

En esa breve experiencia de vida, Shannon le enseñó a Presley cómo responder a una persona que está herida, y a Carson, que los pisos de concreto lastiman, que está mal empujar a las personas y que es necesario pedir perdón cuando hacemos lo malo. También demostró que los padres aman a los niños, aunque se porten mal. Dudo que Shannon estuviera pensando: *Estoy educando a mis hijos,* pero es exactamente lo que estaba haciendo. Los padres son educadores en cada interacción que tienen con sus hijos. Además de las muchas oportunidades que tenemos de enseñar en el flujo normal de la vida, me gustaría sugerir a los padres

> Los padres son educadores en cada interacción que tienen con sus hijos.

que piensen en crear conscientemente oportunidades de aprendizaje para sus pequeños. Una de las primeras y más fáciles es leerles, y puede comenzar tan pronto como puedan sentarse en el sofá a tu lado o en tu regazo. Antes que el niño pueda comprender el significado de las palabras, puede ver las imágenes, voltear las páginas y obtener la idea de que los libros son parte de la vida. Cuando empiece a hablar, le señalas la imagen de una vaca y dices: "Va-ca". Estás enseñándole vocabulario. Él asocia el sonido "vaca" con la imagen de una vaca. Todavía no está asociando el sonido "vaca" con la palabra impresa "vaca". Eso vendrá más tarde, pero estás desarrollando el vocabulario de tu hijo, lo cual es una parte enorme de la educación temprana.

A los tres años, muchos niños empiezan a aprender a leer. Lo que quiero decir es que pueden comenzar a asociar palabras impresas con su vocabulario en desarrollo. Sí, usamos el método de tarjetas de aprendizaje, y funcionó. Esta fue idea de Karolyn, pero yo acepté la diversión. Recuerdo haber sostenido en alto la tarjeta con la palabra "dedo" impresa en ella, y decirle a nuestra hija "dedo" mientras le señalaba o le tocaba un dedo. Ella sabía la palabra "dedo" en su vocabulario, pero ahora estaba haciendo la conexión entre la palabra impresa, el sonido "dedo" y su verdadero dedo. Así es, la pequeña estaba aprendiendo a leer. En el mundo tecnológico actual, puedes buscar en Google cómo "enseñar a leer a tu hijo" y encontrar todo tipo de productos electrónicos para ayudarte con el proceso. ¿Qué opino yo? Aún me gustan las tarjetas de aprendizaje.

¿Y la guardería?

Como mencioné antes, después que nuestra bebita primogénita nació, Karolyn y yo tomamos la decisión de que ella fuera mamá y ama de casa. Así, toda la educación de nuestros hijos se hizo en casa hasta que entraron al jardín de infantes. Pero soy muy consciente de que, en muchas familias, tanto el padre como la madre son profesionales a tiempo completo, o que otros niños se crían en hogares monoparentales o que la educación preescolar es lo que se acostumbra en la comunidad. En estos ámbitos, es necesario el cuidado de niños en edad preescolar.

Shannon y Stephen fueron afortunados al tener cerca a los padres de ambos, dispuestos a desempeñar un papel importante en el cuidado de los niños. Este puede ser un acuerdo excelente cuando los padres están disponibles y dispuestos a hacerlo. ¿Quiénes estarían más interesados en el bienestar de un niño que sus abuelos? Cuando sus hijos tenían uno o dos años de edad, Shannon y Stephen los llevaban a un programa de cuidado infantil de medio día durante dos o tres mañanas en la semana. Esto permitió a la madre de Shannon, quien era la cuidadora principal, un descanso para hacer mandados y atender otros intereses personales.

Al elegir la guardería, Shannon tuvo la fortuna de encontrar una que ofrecía más que simple cuidado infantil. El lugar era realmente educativo, con personal amable y positivo con los niños, que buscaba siempre la seguridad infantil. Esto me lleva a instar a los padres a "hacer su deber" antes de colocar al niño en una guardería. Revisen la Internet para averiguar si hay una disponible cerca de casa, pero no se queden allí. Hablen con otros padres que tengan hijos de las mismas edades que los suyos, visiten las guarderías, hablen con los directores y el personal, y observen las aulas. Sí, toma tiempo, pero sus esfuerzos serán recompensados cuando encuentren un ambiente de aprendizaje seguro y amigable, donde puedan cuidar, nutrir y educar a su pequeño.

Una vez hecha su selección y que su niño esté matriculado en una guardería, manténganse involucrados. Monitoreen y apoyen a quienes cuidan de su hijo. En general, las guarderías reciben con agrado la participación de los padres. Shannon también sugiere que si tus padres desempeñan un papel en el cuidado de tus niños, asegúrate a menudo de pasar tiempo con ellos para cerciorarte de que tengan lo necesario para cuidar a tu hijo. No lo des por sentado. Expresa aprecio con frecuencia por la inestimable ayuda que ellos representan para ti y tu pequeño.

Al pensar en la educación preescolar de tus niños, también me gustaría observar el papel clave que tu iglesia local puede desempeñar en ayudar a los padres. No todas las iglesias son iguales. Algunas tienen excelentes programas educativos; otras no tanto. Muchas ofrecen programas de guardería, tanto como experiencias de aprendizaje dominical. Cuando Karolyn y yo nos mudamos a una nueva ciudad donde yo iba a hacer estudios de posgrado, seleccionamos nuestra iglesia basándonos en su programa preescolar. (Puedo soportar malas prédicas, pero no iba a ir a una iglesia que no tuviera un excelente programa preescolar). Es posible que actualmente no estés asistiendo a una iglesia, pero no deseches este valioso recurso para ayudarte en la educación de tu pequeño.

Opciones de educación

Los niños salen paulatinamente de las edades de bebés, niños pequeños y preescolares y llegan a la edad en que pueden ser matriculados en el jardín de infantes. Recuerdo ese día para nuestros dos hijos. Nos habíamos esforzado (corrijo: Karolyn se había esforzado) por encontrar el mejor jardín de infantes en la ciudad. Compramos materiales escolares y mochilas, tomamos fotos y les dijimos a los niños que se iban a divertir mucho. No se decepcionaron, y nosotros tampoco. (Y sí, hubo algunas lágrimas cuando nos dimos cuenta de que nuestro "bebé" ya no lo era, sino que oficialmente estaba "en la escuela"). No sé cuántos jardines de infantes enseñan asociar palabras con imágenes, pero encontramos que ese programa era excelente.

Cuando tu hijo entra al jardín de infantes y luego a la escuela primaria, las opciones son muchas. Cuando yo era niño (hace muchos años), casi todos los niños íbamos a escuelas públicas. Había pocas otras opciones (y, en muchos casos, ninguna). Eso no es cierto hoy día. Incluso en el sector de escuelas públicas, hay alternativas: tradicionales, independientes y especializadas.

> Puedo soportar malas prédicas, pero no iba a ir a una iglesia que no tuviera un excelente programa preescolar.

También hay escuelas privadas: algunas con orientación religiosa y otras seculares. La educación en el hogar está aumentando en popularidad, y a veces los programas incluyen clases en línea y cooperativas. Otras opciones pueden aparecer en la próxima década. El resumen es que los padres tienen que tomar una decisión importante en la educación de sus hijos. Toma tiempo, esfuerzo y mucha reflexión, pero es una de las decisiones más importantes que tomas para tu niño.

A fin de obtener una visión general de los diferentes tipos de escuelas y sus objetivos, puedes buscar en la Internet. No obstante, para más información práctica y local puedes hablar con otros padres que tengan hijos en escuelas primarias, que pueden darte opiniones de primera mano basadas en sus propias experiencias.

A continuación presentamos una breve visión general de los distintos tipos de escuelas ya mencionadas.

Escuelas públicas tradicionales

Las escuelas públicas difieren mucho en un mismo país. Van desde excelentes hasta caóticas, dependiendo de la ubicación y el liderazgo. Una fuente de información es hablar con los maestros que enseñan en tu sistema escolar local y con los padres que tienen estudiantes matriculados en el plantel que estés considerando. Estas escuelas siguen el plan de estudios dictado por las juntas educativas locales o estatales.

Escuelas independientes

Una escuela independiente es un plantel público administrado en forma independiente que brinda mayor flexibilidad en su funcionamiento. Los "estatutos" que establece cada escuela son un contrato de desempeño que detalla la misión, el programa, los estudiantes que se atienden, los objetivos de desempeño y los métodos de evaluación de la institución. Las escuelas independientes aceptan alumnos por sorteo público. Normalmente, tienen un elevado nivel de participación de los padres.

Escuelas especializadas

Una escuela especializada es una institución pública enfocada en una materia y con un plan de estudios alineado en ciencia, tecnología, ingeniería y matemáticas. También hay otras especializaciones, pero estas áreas son básicas. Tales planteles suelen ser más de "manos y mentes en acción", y utilizan un enfoque de aprendizaje basado en un proyecto de investigación/rendimiento. Utilizan normas estatales, distritales o comunes en todas las áreas temáticas; sin embargo, se enseña dentro de la especialización general de la institución.

Escuelas privadas

Los padres eligen una escuela privada por muchas razones: profesores de alta calidad, ambiente seguro y ordenado, valores morales y éticos, maestros afectuosos y comunidades de apoyo. Los padres que prefieren una escuela cristiana también están motivados por el deseo de ver que en los estudios académicos se integre tanto a Dios como a una filosofía cristiana. Al elegir una escuela privada, los padres deben considerar los costos, que son mucho más altos que los de las públicas.

Escuela en casa

El movimiento de educación en el hogar comenzó a crecer en la década de los setenta como una alternativa a las escuelas públicas y privadas. Hay familias que prefieren una educación hogareña por varias razones, entre ellas insatisfacción con las opciones educativas disponibles, diferentes creencias religiosas o filosofías educativas, y la creencia de que los niños no progresan en la estructura escolar tradicional. Según el Instituto Nacional de Investigación en Educación en el Hogar, hoy día hay en Estados Unidos más de dos millones de niños que reciben educación en casa, con un porcentaje creciente entre 7% y 15% cada año. La educación en el hogar es legal en todos los cincuenta estados.

> En mi opinión, los años de escuela primaria sientan la base para el resto de la carrera académica del niño.

Creo que la mayoría de los padres quiere encontrar la escuela que sea mejor para su hijo. No obstante, el trayecto para hacer ese descubrimiento podría ser prolongado. A veces las opciones están limitadas por varios factores. Un niño con necesidades especiales puede tener pocas alternativas en una comunidad local. Las finanzas y la geografía también pueden limitar las opciones disponibles. La concepción del mundo o la filosofía de vida de los padres pueden repercutir en gran manera en la decisión que tomen. Sus antecedentes educativos y su experiencia también influyen en su decisión. ¿Cuál es la mejor escuela para *mi* hijo? Esta es la pregunta que cada padre debe tratar de responder.

¿Cómo decidir?

Ni Shannon ni yo queremos responder esa pregunta por ti. Sin embargo, nos gustaría sugerir algunos aspectos que deberías investigar. El primero es el plan de estudios que el plantel utilice. Aunque los sistemas de escuelas públicas tienden a tener un plan uniforme de estudios en una región geográfica dada, difieren de estado en estado.

Las escuelas privadas, aunque nacionalmente acreditadas, retienen más autonomía que las públicas individuales para determinar sus planes de estudio.

¿Por qué es tan importante el plan de estudios? Porque guía lo que los niños aprenden, incluso los temas enseñados y cómo se presentan. Esta es una enorme área problemática en la educación pública en Estados Unidos. Hay un esfuerzo de parte de algunos con el fin de volver a escribir la historia para hacerla más compatible con sus puntos de vista filosóficos. Otra área problemática es cuándo y cómo enseñar educación sexual. En algunos casos, el plan de estudios se ha vuelto más socialmente orientado, y los fundamentos de lectura, escritura y aritmética se pierden en los esfuerzos por ser culturalmente relevantes. Todas estas son áreas importantes de investigación para los padres. En mi opinión, los años de escuela primaria sientan la base para el resto de la carrera académica del niño. Si el pequeño tiene deficiencia en lectura, escritura y matemáticas, tendrá que librar una batalla difícil en la escuela intermedia y secundaria, y tal vez nunca llegue a la universidad.

Los padres deben preguntar sobre la filosofía que hay detrás del plan de estudios, cómo esta filosofía se implementa en el plan de estudios a través de varios temas y cuáles son los objetivos de resultados de aprendizaje. Para los padres cristianos, es importante conocer la forma en que se trata la religión en el plan de estudios. ¿Hace el plan de estudios caso omiso a creencias religiosas, presenta una visión equilibrada o es claramente anticristiano? Diferentes planes de estudios tienen enfoques distintos.

Muchos padres prefieren escuelas independientes cuando esta es una opción, porque suelen desempeñar un papel más importante al trabajar con la administración y el personal en elaborar la experiencia educativa de los niños. La misma motivación lleva a menudo a los padres a inscribir a sus hijos en escuelas especializadas, principalmente cuando se da al niño un enfoque educativo especial.

Karolyn y yo elegimos una escuela cristiana para nuestros dos hijos, desde jardín de infantes hasta octavo grado. Para la secundaria, los matriculamos en escuelas privadas de preparación para la universidad, que no están basadas en la fe. Siempre hemos estado agradecidos por los maestros y administradores que invirtieron en el viaje educativo de nuestros hijos. Karolyn y yo sentimos fuertemente que queríamos que enseñaran a nuestros niños una visión cristiana del mundo. En nuestras conversaciones, hablábamos con ellos de otras perspectivas y de por qué habíamos elegido la fe cristiana. Ambos hijos fueron a la universidad y tuvieron estudios de posgrado, y ahora como adultos tienen una fe cristiana firme con un deseo profundo de invertir sus vidas en ayudar a los demás.

Tanto Shannon como Stephen estudiaron en escuelas públicas, pero también eligieron una escuela cristiana privada para sus hijos en edad escolar. Ella declaró: "Este es un asunto personal para nosotros. No juzgamos a otros por sus decisiones escolares. No obstante, sabemos lo que deseamos para nuestros hijos, y eso incluye nuestro anhelo de que les enseñen fe religiosa y que sean apoyados, no ridiculizados o perseguidos, por sus creencias. No estábamos seguros de poder alcanzar nuestros objetivos en las escuelas públicas a nuestra disposición".

Concuerdo plenamente con Shannon y Stephen. Es decisión de los padres a quién elegir para que les ayuden a educar a sus hijos, y deben tomarla de acuerdo con los valores y la filosofía que tengan.

Tanto Shannon como yo recomendamos que, una vez que los padres hayan elegido la escuela, se involucren con asociaciones de padres y maestros, sean voluntarios en la escuela, asistan a las reuniones de la junta escolar cuando lo permitan y aboguen por su hijo y su escuela. Este comportamiento proactivo puede dar lugar a muchos resultados educativos y sociales positivos para niños, padres, escuelas y comunidades.

Los padres deben hablar regularmente con sus hijos acerca de lo que están aprendiendo en la escuela y de cómo esto se aplica a la vida en el mundo que los rodea. Cuando los padres ayudan a sus hijos a hacer tareas y proyectos, suelen surgir oportunidades de discusión, lo cual ocurre casi a diario con niños en la escuela primaria. Las conversaciones sobre lo que los chicos están aprendiendo en la escuela pueden estimular más oportunidades de enseñanza para los padres. Mediante la interacción personal en cuanto al material y los temas educativos, los padres pueden ayudar a sus hijos a clarificar sus inquietudes, y apoyar e influir de manera positiva en las experiencias de aprendizaje. Existen muchos recursos adicionales para apuntalar la enseñanza que los padres dan a sus hijos en casa. Estos recursos incluyen libros, arte, juguetes, juegos y videos, todos los cuales pueden usarse para aprender varios conceptos educativos. Al usar esta clase de recursos y participar activamente en debates con los niños, los padres cumplen aún más con su responsabilidad de educarlos.

Como mencioné, cada año una cantidad creciente de padres prefiere la opción de educar en casa. Este aumento puede relacionarse con problemas y preocupaciones acerca de planes de estudio. Los padres que educan en casa también están interesados en tener más libertad de elección en cuanto a los ambientes diarios de sus hijos y sus horarios habituales de trabajo. Shannon y yo tenemos amigos que educan en casa a sus hijos y admiramos mucho su compromiso; en realidad, se invierten a sí mismos para darles a sus hijos lo que creen que son las mejores experiencias educativas posibles. He quedado impresionado con los niños educados en casa que he conocido en toda la nación. Encuentro que, generalmente, participan en conversaciones y exhiben fuertes habilidades sociales.

Educar en casa requiere un elevado nivel de compromiso de los padres. Por lo general, uno de ellos es padre-maestro o madre-maestra que permanece en casa, y el otro participa mucho al regresar del trabajo. Una de las ventajas adicionales es la oportunidad de hacer excursiones que se relacionan con lo que se aprende en casa. Los horarios pueden ser más flexibles. Esta opción también permite cooperación con otros padres que educan en el hogar y que tienen un alto nivel de competencia en un campo particular de estudio. Estas oportunidades, así como clases en línea, exponen al niño a otros maestros diferentes a sus padres. Algunos padres que educan en casa también disponen que sus hijos reciban clases en escuelas privadas o en universidades locales, en campos académicos en que los padres no son competentes. Esto tiende a suceder más en niveles de escuela intermedia y secundaria.

Si todas estas opciones parecen abrumadoras mientras anticipas la llegada de tu bebé o al mirar a tu hijo en la cuna, no te preocupes demasiado. Tienes unos años para pensar, explorar y decidir lo que harás cuando llegue el momento. Mientras tanto, permíteme recordarte que los hijos aprenden todos los días y en toda situación, así que mantén abiertos los ojos y recuérdate que eres quien, en primer lugar, educa a tu hijo. Aunque puede ser cierto que en algunas maneras "se necesita toda una aldea para criar un hijo", los padres son, en última instancia, responsables por encontrar y monitorear dentro de "la aldea" el mejor cuidado y las mejores oportunidades educativas para sus hijos.

Afortunadamente, otros en la comunidad desean asociarse con los padres para ayudarles tanto a ellos como a los pequeños, pero nadie más va a cuidar de un hijo en el mismo nivel y con el mismo amor que los padres. Por tanto, permite que otros te ayuden, pero recuerda siempre que nadie es tan importante como tú en la vida de tu hijo.

A propósito

1. Durante los primeros años, tú, tu cónyuge y quienquiera que elijan como cuidadores repercutirán en gran medida en la educación futura de tu niño. ¿Cuáles son en tu opinión los aspectos más importantes de esta educación preescolar?

2. ¿Han analizado tú y tu cónyuge las opciones que tienen durante estos primeros años educativos? ¿Se quedará uno de los dos en casa o seguirán ambos sus actividades profesionales a tiempo completo? ¿O uno de los dos trabajará a medio tiempo a fin de estar más horas con el pequeño?

3. Si ambos planean trabajar a tiempo completo, ¿a quién han elegido para que cuide al niño mientras ustedes trabajan? ¿Deben investigar más al respecto?

4. Sé que tienen unos años para tomar esta decisión, pero ¿cuáles son sus ideas actuales sobre a qué jardín de infantes asistirá su hijo?

5. Reflexiona en tu propia educación formal en la escuela primaria, intermedia y secundaria. ¿Qué recuerdos agradables y no tan agradables tienes? Con relación a tus recuerdos, ¿cómo crees que influirán en tu decisión sobre la educación de tu niño?

6. Recuerda que la cultura en que vivimos está en constante cambio. No supongas que la decisión que tus padres tomaron sea la correcta para tu hijo. Analiza con tu cónyuge las ideas que tienes actualmente.

7. Comprométanse a sacar tiempo para explorar a fondo las variadas opciones cuando llegue el momento en que el niño empiece su educación formal. Será tiempo bien invertido.

11

Me hubiera gustado saber que…

Los MATRIMONIOS
no progresan en
PILOTO AUTOMÁTICO

H ace algún tiempo, un joven entró a mi consultorio.

—He perdido a mi esposa —declaró.

—¿Quieres decir que te ha dejado? —inquirí.

—Oh, no, nada de eso. Quiero decir que el bebé se ha convertido en el centro de su vida. Es como si ahora fuera madre en lugar de esposa. Sé que el bebé le quita mucha energía, pero ¿cómo mantenemos ahora vivo nuestro matrimonio? Siento que, en realidad, perdí a mi esposa.

Con los años, he oído quejas similares una y otra vez en mi consulta. Un marido siente que su esposa está casada con el bebé, o una esposa siente que su marido está casado con su trabajo. Una esposa expresó: "Él nunca me ayuda con el bebé. Cuando viene del trabajo, se sienta ante la computadora preparándose para el día siguiente. Creo que el bebé necesita un padre y una madre. Sé que necesito su ayuda. Me siento muy sola".

La realidad es que, después que tienes un bebé, tu matrimonio no prosperará en piloto automático. En el capítulo 1, analizamos cuán radicalmente cambia tu calendario al tener un bebé. En este capítulo, quiero hablar de algunas ideas prácticas sobre cómo mantener vivo el matrimonio, mientras crían un hijo. Estoy convencido de que ustedes pueden ser buenos padres y tener un matrimonio saludable. Todo empieza con reconocer que las cosas son diferentes cuando se tiene un bebé. No se pueden hacer las cosas como siempre se han hecho. Ahora ustedes son tres en lugar de dos, y uno de los tres necesita muchísima atención de los otros dos. Sí, tu "tiempo libre" será mucho menor que antes. Pero no te tragues la idea de que "¡ahora no hay tiempo para nosotros!". Seguramente, hay una manera de cuidar de las necesidades del bebé y también amarse, animarse y cuidarse uno al otro. Después de todo, las parejas han estado haciendo esto durante miles de años. Algunas parejas tienen tres o más hijos, y siguen teniendo buenos matrimonios. De modo que, ¿cuáles son algunas de las cosas que Shannon y yo hemos aprendido a lo largo de los años que aconsejamos a centenares de parejas?

Cómo tener un matrimonio en crecimiento después de la venida del bebé

El primer paso es resolver, es decir, determinar, decidir y fijar esto en la mente: "Encontraremos una manera de mantener nuestro matrimonio en crecimiento, mientras criamos a nuestro hijo". Esta debe ser una decisión consciente de parte del esposo y la esposa; algo que analizan y acuerdan. No lo den por sentado. Exprésense su decisión en palabras. ¡Séllenla con un beso y un abrazo! Ahora están de acuerdo y se dirigen en la misma dirección, con la voluntad de triunfar. Recuerden el antiguo adagio: "Querer es poder".

Si tienen más hijos, ustedes deben renovar su decisión de vez en cuando, porque cada chico adicional amplía la carga de trabajo. Shannon es sincera en cuanto a su propia lucha. "Stephen y yo nos vimos en la necesidad de evaluar nuestro 'acuerdo' después de varios meses de estar criando tres hijos. Recordábamos vagamente la vida antes de los niños y sabíamos que habíamos estado más unidos. Al trabajar ambos a tiempo completo y estar totalmente dedicados a la crianza, descubrimos que teníamos menos tiempo mutuo. No hablábamos mucho. No éramos tan afectuosos el uno con el otro. A veces éramos poco amables y hablábamos ásperamente. Echábamos cada uno las frustraciones de la vida sobre el otro. Ambos sabíamos que algo debía cambiar. Por tanto, tuvimos una conversación sincera y abierta, y renovamos nuestra decisión de hacer de nuestro matrimonio lo que queríamos que fuera. Ese fue un momento decisivo para nosotros. Con resolución comenzamos a dar pasos para cambiar nuestro estilo de vida".

Si has leído alguno de mis otros libros, sabes que Karolyn y yo tuvimos nuestras propias luchas a principios de nuestro matrimonio. Fue "resolver" lo que nos mantuvo trabajando en nuestro matrimonio, aunque las cosas parecían abrumadoras. Tal vez por eso tengo tanta esperanza para las parejas que están batallando. Sé que, si con todas nuestras diferencias aprendimos a trabajar como un equipo y a crear una relación amorosa y de ayuda, otros también pueden hacerlo. Suelo decir a las parejas en mi consultorio: "Entiendo que no tengan esperanza. Por tanto, actuemos en mi esperanza para ustedes. No estoy diciéndoles que tengan esperanza, sino que 'resuelvan' tomar medidas para aprender y cambiar actitudes y acciones, y veamos qué sucede". Cuando las parejas tienen determinación, pueden crear el matrimonio que siempre han querido.

El nacimiento de un bebé no resolverá los problemas de relación que existían antes de la llegada del hijo. Algunas parejas creen que "tener un bebé los mantendrá unidos". Creo que al mirar el rostro del niño tienen la asombrosa sensación de "haberlo" creado. Hay una sensación psicológica de "estar juntos en este viaje". Sin embargo, el nacimiento de un hijo no sanará una relación destrozada. Más bien, puede crear una comprensión de "debemos abordar nuestros problemas, no solo por nuestro propio bien, sino también por el bien de nuestro hijo". Esta motivación a menudo lleva a las parejas a buscar ayuda. Cuando se busca ayuda, se encuentra. No creo las excusas comunes que las parejas suelen hacer en nuestros consultorios de consejería. He aquí algunas de las excusas que hemos oído: "No tengo suficiente tiempo". "No tengo suficiente energía". "No tenemos suficiente dinero". "Ella sabe que la amo". "Él es el problema, no yo". "Cambiaré cuando ella cambie". "Ya lo intentamos antes y estamos perdiendo nuestro tiempo al intentarlo de nuevo". "Estamos muy bien así". "Ella está exagerando nuestros problemas". Con estas y otras declaraciones, tratan de excusarse por la falta de "valor" para trabajar en la relación. Cuando hacen tales excusas, se convierten en sus peores enemigos. Los reto a tomar una actitud de "podemos y lo haremos". Les prometo que nunca se arrepentirán del esfuerzo.

Por tanto, sea que tengan un matrimonio sano o que estén batallando, espero que encuentren útiles las ideas en este capítulo. Los matrimonios se encuentran en crecimiento o en retroceso. Nunca están quietos. Es mi deseo que su matrimonio crezca, ya que juntos dan a luz un hijo y también tratan de ser padres responsables.

Comunicación: oxígeno del matrimonio

Hablar y escuchar, parece muy sencillo. Sin embargo, la comunicación es para un matrimonio lo que el oxígeno es para el cuerpo: mantiene vivo el matrimonio. Cuando sé lo que Karolyn está pensando, lo que ha experimentado hoy y cómo se siente, puedo ayudarla y animarla de mejor manera. Pero nunca sabré lo que ocurre dentro de ella a menos que se comunique y que yo la escuche. Karolyn tampoco sabrá mis pensamientos y sentimientos a menos que yo se los revele hablando, y que ella decida escuchar.

Por eso, recomiendo un "tiempo compartido diario" para sentarse y escucharse. Pueden ser solo quince minutos, pero al menos saben todos los días cómo le está yendo a cada uno. Después de este tiempo diario de vida en común, sugiero que se pregunten: "¿Qué puedo hacer para ayudarte?". Después de todo, de esto se trata el matrimonio: esposo y esposa que se ayudan a alcanzar su potencial para bien en el mundo. Al antiguo refrán hebreo reza: "Mejores son dos que uno".[1] Pero eso es cierto solo si tenemos la actitud de ayudarnos mutuamente.

No soy tan ingenuo de creer que todas las parejas tienen la actitud: "¿En qué puedo ayudarte?". Sé que esto no es cierto por experiencia propia. Ahora no me malinterpretes: cuando estábamos saliendo y me hallaba atrapado en la euforia de estar "enamorado", hacía cualquier cosa por ella. Casi nunca discutíamos, porque yo realmente quería hacerla feliz. Lo que nadie me advirtió fue que, aproximadamente dos años después, yo perdería las emociones de "enamorado". Entonces emergerían nuestras diferencias, y yo volvería a ser normal, es decir, egoísta. Comencé a exigirle cosas. Allí descubrí que ella también era egoísta; quería salirse con la suya tanto como yo quería salirme con la mía. Nuestro matrimonio pasó de eufórico a desesperado en unos cuantos meses. Recuerdo haber pensado: *Me casé con la persona equivocada. Esto no va a funcionar.*

Lo que agravó el problema para mí fue que estaba en el seminario estudiando para ser pastor. Se suponía que yo debía ser alguien piadoso, pero en mi matrimonio era todo menos piadoso. La situación no mejoró hasta que me desesperé lo suficiente para admitir ante Dios que yo no sabía cómo salvar mi matrimonio. Cuando le pedí a Dios que me mostrara lo que debía hacer, lo hizo, pero no como yo había esperado. Me recordó que debía amar a mi esposa "como Cristo amó a la iglesia, y se entregó a sí mismo por ella".[2] Supe que esa no era mi actitud. Es más, mi actitud era exactamente lo opuesto; yo quería que "ella se entregara por mí".

---

1. Eclesiastés 4:9.
2. Efesios 5:25.

Cuando admití mi propia actitud egoísta ante Dios y después ante Karolyn, y pedí perdón, las cosas comenzaron a cambiar en una dirección positiva. Empecé a hacerle con regularidad tres preguntas: "¿En qué puedo ayudarte? ¿Cómo puedo facilitarte las cosas? Y ¿cómo puedo ser mejor esposo para ti?". Cuando estuve dispuesto a hacer estas preguntas, Karolyn estuvo dispuesta a darme respuestas. Ahora me hallaba comprometido a hacer todo lo posible por enriquecerle la vida. Lo que sucedió es que, a los tres meses, ella también comenzó a hacerme esas tres preguntas. Cuando dos personas tratan auténticamente de enriquecer la vida de la otra, ambos se convierten en ganadores. Eso es lo que el matrimonio estaba destinado a ser.

> Se suponía que yo debía ser alguien piadoso, pero en mi matrimonio era todo menos piadoso.

Creo que un tiempo compartido a diario para hablar, escucharse y permitir que el otro entre en sus experiencias, pensamientos y sentimientos, junto con una actitud de "¿cómo puedo ayudarte?", los llevará hacia un matrimonio en crecimiento. Por eso, si ustedes todavía no tienen un tiempo diario compartido, los animo a empezar hoy. Y si necesitan un cambio de actitud, los animo a admitir su egoísmo ante Dios y su cónyuge. Sé que Dios te perdonará y supongo que tu cónyuge también, especialmente cuando empiece a ver el cambio en ti.

Amor es lo contrario de egoísmo. El amor da, mientras que el egoísmo exige. El amor busca el bienestar de la otra persona, mientras que el egoísmo busca satisfacer las necesidades propias. Dos personas egoístas nunca tendrán un matrimonio floreciente, pero dos personas que se aman, sin duda, lo obtendrán.

Perdidos emocionalmente

Supongamos que ahora estás en la senda del amor. Déjame recordarte los cinco lenguajes del amor, los cuales analizamos en el capítulo 6. Aprendimos que cada hijo tiene un tanque emocional del amor, que los padres deben llenar con regularidad. Creo que los adultos también tienen un "tanque emocional del amor". También debemos sentirnos amados por las personas que son importantes para nosotros. Si estamos casados, la persona que más nos gustaría que nos amara es nuestro cónyuge. Sin embargo, aunque seamos sinceros en nuestro amor, podríamos estar perdiéndonos emocionalmente por tener diferentes lenguajes del amor. Él podría estar expresando su amor por medio de "actos de servicio", mientras que el lenguaje del amor de ella podría ser "tiempo de calidad". Así que él hace todo tipo de cosas para ayudarla, pero se sorprende cuando ella manifiesta: "Simplemente, no siento que me ames". El problema es que él está hablando su propio lenguaje del amor y no el de ella. En los últimos veinte años, he ayudado a miles de parejas a descubrir el lenguaje del amor de cada uno y así cambiar el ambiente emocional en sus matrimonios. Si no han leído mi libro *Los cinco lenguajes del amor: El secreto del amor que perdura*, los animo a leerlo juntos. Ya se han vendido más de once millones de ejemplares en inglés y se ha traducido a cincuenta idiomas en todo el mundo. Creo que este libro mejorará su matrimonio en gran manera.

Reconocer el propio egoísmo de ustedes, pedir perdón y luego amarse mutuamente en el correcto lenguaje del amor crea una atmósfera positiva en el matrimonio. La vida es mucho más fácil de procesar cuando los dos se sienten amados y alentados por el otro. Esto no significa que serán perfectos, pero si se aman mutuamente, también se pedirán perdón cuando fallen. Aún digo y hago a veces cosas que son hirientes, pero cuando comprendo que he ofendido a mi esposa, también me duele. Esto me lleva a pedir perdón y a esperar que ella me perdone. Una vez más, sin disculpas y perdón no hay matrimonios en crecimiento. No crean que el paso del tiempo curará una fractura causada por comportamiento hiriente. La sanidad viene cuando el ofensor pide perdón y el agraviado perdona.

Resolución de conflictos

Mantener lleno el "tanque del amor" y despejadas las barreras emocionales al pedir perdón y perdonar son dos elementos importantes de un matrimonio en crecimiento. Otro ingrediente muy importante es aprender a resolver conflictos. Tenemos conflictos porque somos humanos y tenemos diferentes personalidades y antecedentes. Por "conflicto" quiero decir que discrepamos y que ambos sentimos fuertemente nuestra posición. Todas las parejas tienen conflictos. Algunas discuten y pelean, y otras escuchan y buscan soluciones. Hice mi parte en discutir y pelear en los primeros años. Ahora prefiero escuchar y encontrar soluciones. Los conflictos sin resolver crean distancia emocional entre nosotros. Resolver los conflictos nos acerca.

Existen dos elementos clave para resolver conflictos de forma saludable. En primer lugar, debemos escuchar y tratar de entender la posición de la otra persona; no solo qué piensa, sino qué está sintiendo. Trata de ponerte en el lugar del otro y ver el mundo a través de sus ojos. Dada su personalidad y lo que percibe como los hechos, ¿logras entender su forma de pensar y de sentir? No es tan difícil si lo intentas. Luego, muestra comprensión. Una de las frases más poderosas que puedes manifestar después de escuchar es: "Puedo ver cómo lo que estás diciendo tiene sentido". (Y siempre tiene sentido en la cabeza del otro). Cuando declaras esto, ya no eres el enemigo, sino un amigo que comprende.

Luego puedes decir: "Déjame decirte cómo lo veo, y mira si puedes entender mi perspectiva". Si tu cónyuge escucha con miras a entender, también podría decir: "Creo ver tu punto de vista, y tiene sentido. Por tanto, ¿cómo podemos resolver esto?". Ahora puedes enfocarte en buscar una solución y no en ganar una discusión.

El conflicto puede resolverse en una de tres maneras: (1) Uno de los dos acuerda pasarse a la posición del otro. (2) Logran llegar a un punto de encuentro en algún lugar en medio de las dos ideas.

(3) Aceptan no estar de acuerdo y seguir siendo amigos. Tal vez en algunos meses podrán moverse al número uno o dos; sin embargo, en la actualidad pueden aceptar la realidad de que discrepan, pero que no permitirán que el problema los separe.

Algunos asuntos se mantienen como diferencias toda la vida, pero no tienen que ser divisivos. Karolyn y yo nunca nos hemos puesto de acuerdo en cómo cargar un lavavajillas, pero hemos acordado aceptar el método de cada uno sin molestarnos. Tal vez ustedes nunca concuerden en cómo apretar la pasta dental (la mitad o la parte inferior), pero acuerdan tener dos tubos y cada uno apretarlo en su propio estilo. Es muy probable que las diferencias de personalidad no cambien. Así que cada uno debe ajustarse a los patrones del otro. Enfóquense en los rasgos positivos y minimicen las cosas que los irritan. La vida es demasiado corta para dejar que nuestras diferencias nos separen.

Además de estos temas fundamentales, a Shannon y a mí nos gustaría recomendar lo siguiente:

Coqueteos, citas y más

¡Coquetea! Coquetear o divertirse entre sí puede desencadenar emoción en el matrimonio. ¿Recuerdas cómo coqueteabas cuando estaban saliendo? Si es así, puedes imaginar que están saliendo de nuevo.

¡Salgan! En su libro *52 Uncommon Dates* [52 citas poco comunes],[3] Randy Southern reta a las parejas a dar prioridad a su vida amorosa conyugal. Para ayudarles a mantener girando sus engranajes creativos, recomienda cincuenta y dos citas divertidas y atractivas que pueden incorporar fácilmente en sus calendarios si tan solo se comprometen a hacerlo. Además, Southern ofrece a las parejas el "qué" y el "cómo"; luego los matrimonios aportan el "deseo" y lo que sigue. Sea usando guías similares o inventando sus propias ideas de citas,

---

3. Randy Southern, *52 Uncommon Dates* (Chicago: Moody Publishers, 2014).

las parejas que con regularidad priorizan el tiempo para salir juntos consiguen gran satisfacción en sus citas, que también puede ayudarlos a acercarse de manera emocional y física. Cuando llegue el bebé, deberán encontrar familiares o amigos que mantengan cuidadosa vigilancia en el niño, a fin de que puedan tener un tiempo para estar juntos. Cuando el bebé es muy pequeño, pueden tener salidas más cortas, pero a medida que el niño crece, pueden tener citas extendidas.

¡Pasen al plano físico! Toquecitos a lo largo del día; abrazos, besos y agarrarse de la mano pueden ser recordatorios de que se valoran. Esto es especialmente significativo para el cónyuge cuyo lenguaje principal del amor es el toque físico. El toque comunica: "Quiero estar cerca de ti". Sí, la intimidad sexual es un dialecto de toque físico, pero no todos los toques tienen que llevar a la alcoba. Sin duda, una vida sexual sana acerca emocionalmente a la pareja, pero los toques no sexuales tienen igual importancia para desarrollar un matrimonio saludable.

¡Váyanse! Sé que algunas parejas piensan: "Nunca nos iremos de fin semana cuando llegue el bebé". En realidad, el primer año de la vida del recién nacido pueden llevarlo con ustedes. Sé que no estarán solos, pero pueden cuidar del bebé y centrarse en la relación de pareja. A medida que el angelito crece, pueden conseguir que otras personas lo cuiden mientras ustedes están lejos. Aunque solo sea una noche en un hotel o en una pensión agradable, puede obrar maravillas en su matrimonio. Hay algo acerca de estar juntos fuera de casa que vigoriza la relación.

¡Sigan aprendiendo! El matrimonio es un viaje de por vida. Ni siquiera piensen que han llegado. Manténganse alerta al aprendizaje. Mientras tengamos vida, podemos y debemos aprender. Algunas cosas las aprendemos por experiencia, pero muchas se obtienen al exponernos a lo que otros han aprendido. Animo a las parejas a dos prácticas de por vida: (1) Lean y analicen cada año un libro sobre el matrimonio. Después de leer cada capítulo, pregúntense: "¿Qué podemos aprender de este capítulo?". (2) Asistan una vez al año a un evento de enriquecimiento matrimonial. Podría tratarse de un congreso de fin de semana, un pequeño retiro, una noche a solas o una clase ofrecida en su iglesia o comunidad. De estos acontecimientos, obtendrán nuevas perspectivas e ideas creativas que estimularán el crecimiento en la relación.

¡Atiéndanse! Las parejas con niños pequeños pueden fácilmente quedar atrapadas en el ajetreo de la vida y tener poco tiempo para atenderse mutuamente. Mantenerse física, emocional y espiritualmente saludables es importante no solo para ustedes, sino también para el matrimonio. ¿Qué necesidades tienen? ¿Dónde deben prestarse atención? ¿Qué hay en la comunidad que pueda ayudarles? Muchas iglesias ofrecen eventos que proporcionan cuidado infantil para que las madres puedan relajarse sabiendo que su hijo está en buenas manos, mientras se enfocan en una actividad que les mejorará su propia salud.

Las parejas pueden decir: "Sí, pero..." a todas y cada una de estas sugerencias. No obstante, si quieren tener matrimonios en desarrollo, deben buscar, crear y aprovechar toda oportunidad para mejorar la relación, incluso cuando los niños son pequeños y especialmente en esta situación. Al ser proactivas, las parejas tienen más control sobre su relación que si simplemente funcionan en "piloto automático". Son más capaces de enfrentar retos que surgen con el tiempo, y sus oportunidades de tener un matrimonio saludable aumentan. Las parejas que se comprometen a desarrollar su relación matrimonial maximizan su manera de disfrutar mutuamente y son mejores padres.

Si deciden ahora dar prioridad al matrimonio, le harán un gran servicio a su hijo. Finalmente, nada es más importante en la crianza

> Si deciden ahora dar prioridad al matrimonio, le harán un gran servicio a su hijo.

que dar al niño un modelo de padres que se aman, animan y apoyan; que procesan sus conflictos en una manera positiva; y que se piden perdón y se perdonan cuando fallan. Espero que las ideas expresadas en este capítulo les ayuden a crear esa clase de matrimonio.

A propósito

1. Inicia una conversación con tu cónyuge acerca de cómo mantener fuerte el matrimonio tras la llegada del bebé. Espero que puedan determinar: "Encontraremos una manera de mantener en crecimiento nuestro matrimonio mientras criamos a nuestro hijo". Sellen su "determinación" con un abrazo y un beso.

2. Si tienen asuntos sin resolver en la relación antes que el hijo nazca, deseo animarles a hablar ahora mismo con un consejero, pastor o amigo confiable y tratar de encontrar soluciones. Será más fácil ahora que después que el bebé llegue.

3. Establezcan un tiempo diario juntos en que hablen al menos de dos cosas que les sucedió hoy en sus vidas y de cómo se sintieron al respecto. Traten de entender y tener afinidad uno con el otro.

4. Empiecen la costumbre de preguntarse a diario: "¿En qué puedo ayudarte?".

5. Descubran el lenguaje del amor de cada uno y exprésenselo con regularidad.

6. Si se dan cuenta de que han fallado en ser amorosos, discúlpense y busquen perdón. Tal vez quieran volver a leer el capítulo 8.

7. Cuando tengas un conflicto con tu cónyuge, aprende a decir: "Sé que vemos esto de modo diferente, así que sentémonos y escuchémonos. ¿Te gustaría empezar? ¿O quisieras que yo empiece?". Concéntrate en entender la posición de la otra persona. Afírmala diciendo: "Creo entender tu postura, y tiene sentido". Luego expresa tu punto de vista. Este tipo de diálogo lleva a solucionar conflictos.

8. ¿Cuáles de las siguientes sugerencias les gustaría realizar más después de convertirse en padres? Califiquen cada una en una escala de 0 a 10 y compartan sus respuestas.

_____ Coqueteo

_____ Citas

_____ Pasar al plano físico

_____ Salir

_____ Seguir aprendiendo

_____ Atenderse uno al otro

12

Me hubiera gustado saber que...

Los HIJOS
pueden traerte GRAN GOZO

En mi mente, el gozo es más que una emoción fugaz. Es más bien esa profunda satisfacción que subyace en cómo inviertes tu vida. Las profesiones que, en última instancia, ayudan a la gente pueden ser una fuente de gozo. Por otra parte, aquellas cuyo único objetivo es ganar dinero pueden producir poco o ningún gozo. El matrimonio mismo puede ser una fuente de gozo si es de la clase que describimos en el capítulo 11. Tu relación con tus padres y demás parientes puede traer gozo si son relaciones saludables. Varios esfuerzos recreativos y sociales tienen el potencial de estimular gozo si se realizan con una actitud sana. Sin embargo, pocas cosas pueden producir más gozo que la inversión que haces en criar hijos.

En los capítulos anteriores, he hablado de noches sin dormir, pañales sucios, entrenamiento para ir al baño, enfermedades ocasionales, limpieza constante de la casa, horarios ajustados y retos al azar. Pero, en este capítulo, quiero hablar del gozo que yace detrás de todos estos actos agotadores de la crianza de los hijos. Sí, criarlos demanda tiempo, energía, dinero y gran esfuerzo, pero la satisfacción supera con creces la tensión experimentada en el trayecto.

La primera vez que miras a tu recién nacido puede ser algo aterrador y a la vez también estimulante. Aterrador porque te sientes inadecuadamente preparado, pero estimulante porque este es tu bebé. Ustedes juntos han creado un nuevo ser humano. En este pequeño, se encuentra un potencial ilimitado, aunque todavía no esté desarrollado. Tienes el privilegio y la oportunidad de enseñarle y entrenarlo para que alcance ese potencial. ¿Qué podría ser más emocionante y retador?

Como padre encuentro gran gozo en ver a mis dos hijos adultos alcanzar su potencial para Dios y beneficio del mundo. La buena noticia es que no tienes que esperar hasta que sean adultos bien entrenados para experimentar gozo. Pregunta a cualquier padre mayor y te narrará el gozo que experimentó al cargar y abrazar a su bebé mientras le decía muchas tonterías, ninguna de las cuales el bebé entendió. También te hablará del gozo de hacer dormir al niño, de sostenerle las manos mientras daba sus primeros pasos, de responder las preguntas de su hijo preguntón de tres y cuatro años de edad, de llorar cuando lo dejaron el primer día en el jardín de infantes o de haberlo animado con gran entusiasmo en primaria cuando anotó una de las cinco canastas que su equipo encestó.

Estos recuerdos gozosos siguen trayendo profunda satisfacción a medida que los hijos avanzan hacia la edad adulta. Al recordar, se siente lo rápido que transcurren los años del desarrollo infantil o, poniéndolo de otro modo, "esos fueron días largos y años cortos". Lo que los padres saben es que los días largos se olvidan pronto, y los años cortos se recuerdan mucho.

Encontrar gozo

Al saber que la infancia no dura para siempre, ¿cómo pueden los padres centrarse y celebrar las muchas alegrías de criar a los hijos, en lugar de quedar abrumados por sus diversas responsabilidades de padres? Esa es la pregunta que Shannon y yo esperamos responder en este capítulo.

¿Cómo estás de salud?

Comenzaré diciendo que tu salud emocional, mental y espiritual es el mayor factor en tu búsqueda de gozo al criar hijos. Si no estás en paz contigo mismo, con tu cónyuge y con Dios, puedes ver la crianza de los hijos como una carga, más que como un gozo.

¿Cómo mides entonces tu propia salud? Una de las mejores herramientas de medición que he descubierto fue escrita en el siglo I por uno de los primeros líderes de la iglesia primitiva. Él sugirió nueve características que están presentes en una persona realmente sana: amor, gozo, paz, paciencia, benignidad, bondad, fe, mansedumbre, templanza.[1] En mi consejería, he descubierto que esta es una buena herramienta de diagnóstico. En la medida que yo sea alguien realmente amoroso (con preocupación auténtica hacia otros; con una profunda satisfacción en cómo invierto mi vida; en paz conmigo mismo, con Dios y con los demás; lleno de paciencia, amabilidad y bondad en todas mis relaciones; fiel; persistente; amable al dirigirme a otros, y con mis pasiones controladas para que no me controlen), entonces seré una persona sana.

> Si no estás en paz contigo mismo, con tu cónyuge y con Dios, puedes ver la crianza de los hijos como una carga, más que como un gozo.

Te reto a que uses esto como una medida de tu salud mental, emocional y espiritual. Si reconoces la necesidad de crecer en algunas de estas características, entonces ahora sería un buen momento para leer un libro, hablar con un amigo, pedir consejo, inscribirte en una clase, hablar con un pastor, involucrarte en una iglesia, leer las Escrituras y orar. La perspectiva cristiana es que Dios quiere darnos la habilidad de llegar a ser personas plenamente sanas. Si eres este tipo de individuo, es más probable que experimentes de veras el gozo en tu recorrido de criar hijos.

---

1. Gálatas 5:22-23.

Encuentra gozo al ver cómo tu niño aprende

Una de las grandes alegrías en la vida se encuentra en aprender. Recuerdo cuando yo era niño y comencé a descubrir lo emocionante de leer libros. Fue como una aventura, y todo el mundo se abrió delante de mí. Me produjo gran satisfacción (gozo). Como padres podemos experimentar esta misma clase de gozo al ver cómo nuestros niños aprenden.

Según mencioné antes, el proceso de aprendizaje del niño empieza mucho antes de ir a la escuela. Cada paso en aprender habilidades motoras básicas puede producir gran gozo en los padres. Un padre joven le dice a su esposa: "Mira, mira, acaba de darse la vuelta. Estaba de espalda y rodó sobre su estómago". Al leer estas palabras se siente el gozo de este padre. Luego el pequeño se acerca gateando, y es el turno de la madre de exclamar: "Mira, mira, está gateando".

Aún recuerdo la emoción y la alegría de ver a nuestros hijos dar sus primeros pasos. Se aferraban del sofá. Yo me colocaba a medio metro de distancia y decía: "Vamos. Puedes caminar. Vamos". Ellos daban medio paso y caían, y yo exclamaba: "Sí, intentémoslo otra vez". Los volvía a poner en el sofá y repetía mi reto. Uno, dos, tres pasos, y al poco tiempo estaban caminando. Cada paso me producía gozo, mientras veía cómo aprendían a caminar.

No solo el desarrollo de habilidades motoras trae gozo, sino también el aprendizaje de habilidades sociales, de las cuales hablamos en el capítulo 9. Cuando oigas a tu hijo decir "por favor" o "gracias", sin que se lo dirija, experimentarás alegría. Sí, la dirección fue necesaria, y tal vez tomó más tiempo del que habías planeado, pero tu niño captó la enseñanza. Ah, quizá debas recordárselo de vez en cuando, pero está en camino de aprender dos habilidades sociales que enriquecerán sus relaciones. Por tanto, como padres ustedes pueden relajarse y experimentar un momento de gozo. Ustedes y ellos están progresando.

Más tarde viene el progreso académico, que también puede producir alegría a los padres. Cuando los niños aprenden a leer, te descubres sonriendo. Les has leído libros durante una cantidad de años, ahora ellos les leen libros. El proceso es lento, pero con el tiempo los chicos leerán libros y luego te hablarán de lo que aprendieron al leer. Ahí es cuando le dirás a tu cónyuge: "Estoy muy feliz que a nuestros muchachos les guste leer libros". Sabes que ellos son lectores, su mundo seguirá ampliándose, y eso te producirá gran gozo.

Cuando los ves aprender a tomar la iniciativa en completar sus tareas y oficios en casa antes de ir a jugar, sentirás otra ronda de profunda satisfacción. Sabes que aprender a dar prioridad en la vida, haciendo en primer lugar las cosas más importantes, mejorará las relaciones que tengan de adultos.

Sí, hay gran gozo en observar cómo tu niño aprende habilidades y actitudes que lo llevarán a ser un adulto responsable. Cuando los padres reflexionan en esta verdad, pueden sentirse menos abrumados por el tiempo y la práctica que el aprendizaje requiere, y más esperanzados en los resultados perdurables que sus esfuerzos tendrán. Esta actitud les ayudará a respirar con un poco más de alivio y a registrar los muchos gozos relacionados con el proceso de aprendizaje del pequeño.

Los padres que están disfrutando el trayecto de aprendizaje del niño también pueden redescubrir la alegría de aprender ellos mismos. Leerle libros al hijo les recuerda a los padres algunas de las lecciones que aprendieron cuando eran pequeños. Por ejemplo, la historia clásica *La pequeña locomotora que sí pudo* tiene una lección tanto para adultos como para niños. O si tus padres no te la leyeron, al leérsela a tu hijo puedes descubrir el gozo de la lectura. Cuando ves programas selectos de televisión con tu hijo y luego le preguntas: "¿Qué podemos aprender de este programa?", puedes aprender tanto como tu hijo o a veces aun más que él. Criar hijos suele estimular a los padres a reencontrarse con el proceso de aprendizaje. Nunca somos demasiado viejos para aprender.

Creación de experiencias felices

Los padres también experimentan alegría al crear experiencias de gozo para sus niños. Creo que la mayoría de los padres quieren que el hogar sea un lugar feliz, un refugio seguro de las presiones que existen fuera de la casa. Queremos este ambiente tanto para nosotros mismos como para nuestra familia. Una manera de hacer de esto una realidad es preguntarnos: "¿Qué espero que mis hijos recuerden más de nuestra familia cuando crezcan?".

Tal vez si te haces esa pregunta, podrías descubrir que tu mente regresa a tu propia infancia, especialmente si fue sana. Por ejemplo, podrías recordar que tus padres te leían historias por la noche antes de dormir y que quizá oraban por ti. Podrías recordar que asistían a todo partido u otras actividades escolares de las que participabas. Tal vez te enseñaron a tocar piano o guitarra, o a coser. ¿Qué recuerdos positivos tienes de tu infancia que podrían ser cosas que te gustaría hacer por tus niños o con ellos?

Por supuesto, no todos los adultos crecieron en un hogar positivo y feliz. Algunos vivieron asustados en un hogar lleno de palabras ásperas e hirientes y arrebatos impredecibles. Por eso, si no tienes recuerdos infantiles positivos, entonces es hora de ser creativo. Piensa y habla con tu cónyuge acerca del tipo de recuerdos que desean para sus hijos. ¿Qué esperan que digan respecto a la familia cuando sean adultos?

He aquí algunas de las declaraciones positivas que los padres nos han hablado a Shannon y a mí a lo largo de los años: "Mis padres siempre tuvieron tiempo para mí". "Leíamos libros". "Construíamos cosas juntos". "Jugábamos afuera". "Siempre orábamos antes de comer". "Reíamos todo el tiempo". "Íbamos a la iglesia todos los domingos". "Cantábamos juntos". Tal vez estas sean algunas de las cosas que deseas que tus pequeños recuerden.

Como dije antes, nuestros dos hijos son adultos y están casados. Cuando reflexionan en su infancia, nos cuentan que dos de sus recuerdos favoritos se centraban en las comidas. Cuando nuestro primer hijo tuvo edad suficiente para comer en la mesa, Karolyn tomó la decisión de preparar desayuno caliente para la familia cada mañana. Bueno, Karolyn nunca ha sido una persona madrugadora. Por tanto, esta fue para ella una decisión tipo Madre Teresa. Mi esposa hizo esto hasta que nuestro hijo menor fue a la universidad. Yo acordé que leería de las Escrituras y oraría cada mañana cuando estábamos sentados a la mesa. Cuando los niños crecieron, les permitíamos que oraran si deseaban hacerlo. A veces lo hacíamos antes que Karolyn sirviera la comida y a veces después. Siempre fue algo breve, pero esperé que fuera significativo.

Cuando los niños crecieron lo suficiente para participar en las conversaciones, usábamos la comida de la cena como un momento para hablar de lo que había sucedido en nuestras vidas durante el día. Elogiábamos a los niños por las cosas buenas que hacían y cuestionábamos las que no parecían muy buenas. Karolyn y yo también hablábamos de nuestros éxitos y fracasos. Seguimos esta costumbre a través de la escuela primaria y secundaria. (Cuando nuestro hijo jugaba baloncesto, teníamos que cambiar los horarios de las comidas, más temprano o más tarde). Veíamos nuestra hora de cenar como una oportunidad importante para mantenernos en contacto mutuo. Nuestros temas de debate se ampliaron y profundizaron durante los años de la secundaria.

Nuestros dos hijos miran hacia atrás y dicen que nuestros tiempos de comidas por la mañana y la noche son algunos de sus mejores recuerdos. Cuando llevaban a casa amigos de la universidad, seguíamos nuestros debates a la hora de comer. Muchos de esos amigos se sorprendían de que hubiera familias cuyos miembros conversaran realmente.

Hoy es el momento de decidir el modo en que como padres ustedes harán de su hogar una experiencia positiva para su hijo. Sé que la vida es ajetreada, pero ¿qué puede ser más importante que preparar al pequeño para que descubra su camino en la vida, que contribuya a la sociedad en formas únicas e importantes, y que algún día edifique eficazmente sus propias relaciones familiares? Ni Shannon ni yo hemos oído decir a alguien: "Ojalá hubiera limpiado mi casa más a menudo cuando mis hijos estaban creciendo". "Ojalá hubiera trabajado más". "Ojalá hubiéramos pasado menos tiempo juntos". ¡No! Más bien los padres dicen todo lo contrario. Desean haber priorizado el tiempo con sus hijos y haber hecho más cosas que disfrutaban hacer con ellos.

> La infancia es fugaz, por lo cual los padres son sabios al pensar más temprano que tarde acerca de los resultados que desean en la crianza de los hijos.

A veces quienes ya llevan varios años como padres se dan cuenta de que hubieran hecho algunas cosas de modo distinto en los primeros tiempos. Pero la infancia es fugaz, por lo cual los padres son sabios al pensar más temprano que tarde acerca de los resultados que desean en la crianza de los hijos. Esto puede ayudarles a crear relaciones felices con sus chiquillos y a participar plenamente en ellas.

Encuentren gozo en el juego

Otra gran fuente de felicidad para los padres es jugar con sus pequeños. El juego es natural para los niños. A través del juego, se expresan, exploran el mundo que los rodea, resuelven problemas, se relacionan con otras personas y desarrollan valiosas habilidades de vida. Por tanto, jugar proporciona maravillosas oportunidades para que los padres se relacionen con sus hijos, los comprendan y los estimulen. Al hacerlo, los padres encuentran mucha felicidad.

El reto que los padres tienen es sacar tiempo para jugar cuando están atareados con muchos otros intereses y responsabilidades. Una vez más, la frase clave es *dar prioridad*. Jugar es una de las fuentes más importantes de gozo para tu pequeñín. ¿Por qué posponer hoy lo que quizá mañana no puedas hacer? O ¿por qué posponer hoy lo que no podrás hacer dentro de algunos años? ¡No te predispongas para remordimientos! Saca tiempo ahora para jugar con tus hijos.

Cuando los padres participan plenamente en el juego, es probable que recuerden lo divertido que es jugar. Los niños les recordarán las infinitas posibilidades de juego: disfraces, fiestas de té, duelos de piratas con espadas, carreras de autos miniatura, construcción de torres y fuertes, peleas con pelotas de nieve, juegos de mesa, videojuegos, Legos, dúos musicales, fiestas de baile y números cómicos. También partidos de baloncesto en la cochera, carreras de jonrones con pelota hueca, persecuciones y escondites. Por medio de estas y tantas otras actividades, los niños invitan a sus padres a jugar y también reciben invitaciones a jugar. Cuando interactúan en estas maneras divertidas y creativas, padres e hijos disfrutan entre sí y se acercan más. En realidad, sus tiempos de juego y placer pueden ser en el futuro algunos de sus recuerdos familiares más felices.

No solo encuentras gozo en jugar con tus pequeños, sino también en verlos jugar con otros niños. Ya se trate de deportes o de juegos organizados con chicos del vecindario en el patio trasero, cuando ves a tu hijo demostrar buen espíritu deportivo y divertirse, es probable que experimentes una sensación de placer.

No obstante, quiero advertir sobre los deportes organizados: no tomen demasiado en serio el juego. He visto a padres enojarse con su pequeño o con el entrenador, demostrando así conducta antideportiva. Esto elimina toda la alegría de los deportes. Es mejor aceptar la realidad de que las cosas no siempre salen como queremos. Afirma los esfuerzos de tu hijo y, con tu propia conducta, ayúdalo a aprender a aceptar las decisiones de las autoridades, aunque discrepes de ellas.

Encuentra gozo en expresar aprecio

En todas las formas que vayas a pasar tiempo disfrutando con tu hijo, busca oportunidades de expresar aprecio por él. Si creciste en un hogar donde no había apoyo, no permitas que eso te impida brindar a tu niño lo que no recibiste. Puedes aprender tanto de un ejemplo negativo de crianza como de uno positivo. Pregúntate: ¿Qué hicieron o no hicieron mis padres que me gustaría hacer de modo diferente? Por otro lado, si te criaste con padres cariñosos, solidarios y bondadosos, pregúntate: ¿Qué hicieron mis padres que me gustaría emular? Y ¿qué podría hacer yo para aprovechar su ejemplo?

El niño anhela y merece afirmación de sus padres. Tus palabras de aliento le causarán mucha felicidad. No quiero decir que no debas corregirlo por comportarse mal. Ya analizamos el valor de la disciplina en el capítulo 5. No obstante, la disciplina debe darse en amor, nunca en ira. Cuando el pequeño se siente amado y afirmado, es mucho más propenso a dar profunda satisfacción a sus padres. Cuando los padres son ásperos y condenan, y el niño se siente rechazado o que no es amado, lo más probable es que su comportamiento no produzca alegría a sus padres. Por eso, debo admitir en este capítulo que, aunque "tu hijo puede producirte gran felicidad", también puede causarte gran sufrimiento.

> Pregúntate: ¿Qué hicieron o no hicieron mis padres que me gustaría hacer de modo diferente?

Muchos padres profundamente dolidos han llegado tanto a mi consultorio como al de Shannon debido a las decisiones y conductas de su hijo o hija adolescentes. Al recordar los años de la infancia de sus muchachos, declaran: "Ojalá pudiéramos retroceder en el tiempo. Haríamos muchas cosas de modo diferente". Shannon y yo esperamos que este capítulo te ayude a vivir sin remordimientos. Si disfrutas a tu niño, es probable que él disfrute siendo tu hijo, lo cual te producirá gran felicidad.

Si te enfocas en los retos y las tensiones de criar hijos, el gozo podría salir volando. Pero si te concentras en el gozo que traen los hijos y aprovechas al máximo cada día, el gozo será tu compañía constante.

A propósito

1. ¿En qué formas crees que causaste gozo a tus padres cuando eras niño?

2. ¿En qué formas crees que hiciste sufrir a tus padres?

3. ¿Cómo crees que tu infancia afectará la crianza de tus hijos?

4. ¿En qué maneras deseas imitar lo que tus padres hicieron?

5. ¿En qué formas quieres criar a tus hijos de modo distinto?

6. ¿Qué libros leíste cuando eras niño? ¿Qué libros planeas leerle a tu pequeño?

7. ¿Qué juegos disfrutaste jugando con tus padres, hermanos o compañeros? ¿Puedes imaginarte jugándolos con tu hijo?

8. ¿Cómo evalúas tu salud emocional, mental y espiritual basándote en la herramienta de diagnóstico de nueve puntos que analizamos antes? Califícate en una escala de 0 a 10 en cada una de las siguientes características:

_____ Amor

_____ Gozo

_____ Paz

_____ Paciencia

_____ Benignidad

_____ Bondad

_____ Fe

_____ Mansedumbre

_____ Templanza

¿Qué puedes hacer ahora para cultivar tales rasgos en tu vida, en preparación para la crianza de los hijos?

Epílogo

reo que la mayoría de las personas coincidiría en que la unidad básica de la sociedad humana es la familia. Según mencioné antes, mi recorrido educativo incluye una licenciatura y una maestría en antropología cultural. Es una realidad universal que la familia (papá, mamá e hijos) se ve como el componente fundamental de todas las sociedades. Cada cultura puede tener un lenguaje diferente y varias estructuras sociales más, pero la familia es la única unidad social que une a todas las culturas.

Cuando la familia es sana, los hijos se preparan para ser adultos responsables. Cuando la familia no es sana, los hijos crecen con muchas luchas internas y, como adultos, podrían tener dificultad en formar relaciones sanas. Como padre, puedo pensar en pocas cosas que serían más dolorosas que criar hijos que lleguen a ser adultos mal preparados. Por eso, he dedicado mi vida a ayudar a esposos y esposas a tener matrimonios sanos y convertirse en padres responsables.

Este libro es otro esfuerzo de mi parte, con la ayuda de la doctora

Shannon Warden, de ofrecer a los padres de esta generación algunas de las ideas que he aprendido como padre, consejero y estudiante de por vida acerca del matrimonio y la familia. He tratado de brindar una imagen realista de los retos y las tensiones de criar hijos, junto con ideas prácticas sobre cómo crear un ambiente familiar positivo en la cultura cambiante de hoy.

Lo que he plasmado son perspectivas que sinceramente hubiera querido que alguien me las dijera antes de tener hijos. Karolyn y yo estuvimos de acuerdo en que, si hubiéramos conocido esas cosas antes, habríamos sido mejores padres. Muchos de estos aspectos los aprendimos con el tiempo, pero lo hicimos de la manera difícil: por experiencia. Mi esperanza es que las parejas que lean este libro antes que llegue el bebé estén mucho mejor preparadas de lo que estuvimos nosotros.

También espero que este libro sea una referencia útil para los padres cuando el niño atraviese las etapas de desarrollo de crecimiento físico, mental, emocional, social y espiritual. Es decir, espero que este no sea un libro de "lectura única", sino que los padres lo repasen una y otra vez en el trayecto de criar hijos.

Shannon compartió una lista de cosas que ella y Stephen han acordado y que han convertido la crianza de los hijos en una experiencia menos angustiosa. Verás muchas de las ideas de este libro reflejadas en su lista.

- Esperamos y aceptamos que nuestros hijos requieran mucho de nuestro tiempo.
- Recordamos que queríamos con toda el alma cada uno de estos preciosos niños.
- Confiamos en que Dios nos da todo el tiempo que necesitamos para hacer todo lo que debemos hacer.
- Damos prioridad a nuestros niños y su bienestar por encima de nuestros intereses personales y profesionales.

- Buscamos ayuda de cuidadores confiables, como nuestros padres.

- Jugamos a menudo con los niños porque sabemos que no siempre serán pequeños.

- Consideramos las etapas de desarrollo de nuestros hijos y programamos actividades de tal manera que no los presionemos más allá de sus límites.

- Nos dividimos y, siempre que sea posible, nos organizamos para que uno de nosotros atiende a uno o dos niños, mientras el otro ayuda a bañarlos o hace las tareas del hogar.

- Tomamos descansos de actividades extracurriculares (nuestras y de los niños) para no sobrecargar nuestro tiempo familiar.

- Evitamos ciertos lugares, como restaurantes abarrotados, donde nuestros pequeños estarán sobreestimulados y será difícil controlarlos.

- Reímos acerca de cómo iremos a restaurantes un día y nos aburriremos sin niños pequeños que interrumpan nuestra comida.

- Festejamos pequeños éxitos de crianza y sabemos que estas son señales de cosas buenas que vienen para nuestros hijos.

- Sabemos que debemos cuidar constantemente nuestra relación matrimonial para no distraernos por la crianza de los hijos y demás responsabilidades, y queremos hacerlo.

- Esperamos y aceptamos la realidad de que nos acostaremos muy cansados y que nos levantaremos un poco menos agotados.

Shannon y Stephen aún están en el proceso de criar a sus tres hijos. Karolyn y yo ya criamos a los nuestros y ahora tenemos nietos. Sinceramente, me gusta esta etapa de la vida. Sin embargo, también me gustó cada etapa. Sí, hubo momentos difíciles. Hubo ocasiones en que oré pidiendo sabiduría que no tenía... y la recibí. Al mirar atrás, los tiempos difíciles no sobresalen en mi mente. Lo que recuerdo son las alegrías de ver a nuestra hija y nuestro hijo desarrollar sus habilidades. Disfruté cada partido de baloncesto y todo recital de piano. ¿Tuve que ajustar mi horario? Sí, pero valió la pena.

Ahora que nuestros hijos crecieron y están casados, Karolyn y yo nos sentimos felices al ver cómo están invirtiendo en sus matrimonios, y cómo invierten sus vidas profesionales en ayudar a otros. Y sí, nos alegra mucho ver a nuestros nietos leyendo, estudiando, jugando y honrando a sus padres y abuelos. Estoy completamente de acuerdo con uno de los apóstoles de la iglesia cristiana primitiva que manifestó: "No tengo yo mayor gozo que este, el oír que mis hijos andan en la verdad".[1]

Shannon y yo esperamos que hayas encontrado útil este libro. De ser así, por favor, recomiéndalo a tus amigos.

GARY CHAPMAN

---

1. 3 Juan 4.

Reconocimientos

En primer lugar, queremos agradecer a nuestros cónyuges, Karolyn Chapman y Stephen Warden. Su ayuda y estímulo hicieron posible que tuviéramos el tiempo y la energía para terminar este proyecto. Las parejas que han acudido a nuestros consultorios de consejería para hablar de sus éxitos y luchas al criar a sus hijos también han influido mucho en nuestra comprensión respecto a la crianza. Estamos profundamente agradecidos por esto.

Apreciamos mucho la cantidad de horas invertidas por Anita Hall, quien no solo computarizó el manuscrito, sino que hizo sugerencias útiles.

El equipo de Moody Publishers ha hecho su excelente trabajo habitual de animar, apoyar y guiar nuestros esfuerzos. Betsey Newenhuyse ayudó muchísimo con sus sugerencias editoriales. John Hinkley ha sido nuestro asesor y animador constante.

E D I T O R I A L
PORTAVOZ

NUESTRA VISIÓN

Maximizar el efecto de recursos cristianos de calidad que transforman vidas.

NUESTRA MISIÓN

Desarrollar y distribuir productos de calidad —con integridad y excelencia—, desde una perspectiva bíblica y confiable, que animen a las personas a conocer y servir a Jesucristo.

NUESTROS VALORES

Nuestros valores se encuentran fundamentados en la Biblia, fuente de toda verdad para hoy y para siempre. Nosotros ponemos en práctica estas verdades bíblicas como fundamento para las decisiones, normas y productos de nuestra compañía.

Valoramos la excelencia y la calidad.
Valoramos la integridad y la confianza.
Valoramos el mérito y la dignidad de los individuos y las relaciones.
Valoramos el servicio.
Valoramos la administración de los recursos.

Para más información acerca de nuestra editorial y los productos que publicamos visite nuestra página en la red: www.portavoz.com.